KB097868

오십에 읽는 주역

일러두기

- 《주역》과 《역경》은 겹꺾쇠를 모두 생략했다.
- 저자 주: 역경의 탄생 과정을 고려할 때, 이를 역경이 아니라 주역으로 부르는 것은 은나라의 점인들에게 송구한 일이다. 대를 이은 노고 끝에 역경을 정립해 낸 그들을 기리는 뜻에서 주역 과 역경을 섞어서 칭했다.

오십에 읽는 周易 주역

팔자, 운세,
인생을 바꾸는
3,000년의 지혜

강기진 지음

유노
북스

바꿔야 할 것은
미래가 아니라 과거다

"팔자를 바꿀 수 없나요?"

역학자인 필자에게 사람들이 가장 많이 하는 질문이다. 이에 대해 필자는 다음과 같이 대답한다.

"팔자를 바꾸고 싶다고 할 때 실제로 바꾸고 싶은 것은 자기 인생일 텐데, 사람은 자신의 인생을 바꿀 수 있습니다."

그런데 이 대답에 오십 대는 시큰둥한 반응을 보이는 수가 많다. 보통 이러한 반응이다.

'인생을 바꾸는 것은 젊을 때 가능한 일이지 이제 오십이 다 됐는데 뭘 새롭게 바꾸나…. 살던 대로 살아야지 뭐….'

이는 '인생을 바꾼다'고 할 때, 바꾸는 것이 미래라고 생각하기 때문일 것이다.

하지만 사람이 정말 바꿔야 할 것은 미래가 아니라 자신의 과거다. 사람은 여태까지 살아온 자기 과거의 인생을 바꿀 수 있다. 오늘 먹은 나의 마음이 내 인생을 어떻게 규정하는가에 따라 지금까지 살아온 과거가 바뀐다.

과거와 미래를 바꾸는 것은 현재 나의 마음이다

하늘은 미래뿐만 아니라 과거 역시 사람이 잘 보지 못하도록 감추는 경향이 있다. 사람은 자기 과거를 잘 안다고 생각하기 쉽지만, 다시 돌아보시기 바란다. 지난 과거는 다각적이다. 지긋지긋한 과거였는가, 의미 있는 과거였는가? 여러 각도 중에서 과연 어떤 것이 진정한 자신의 과거인지 사람은 잘 보지 못한다. 이를 분명히 하는 것이 오십이라는 나이에 부여된 사명이라고 할 수 있다.

분명한 것은 오늘 나의 마음이 바뀌면 나의 행동이 바뀌고, 과거와 미래가 동시에 바뀐다는 사실이다. 이러한 명제는 주역점의 기본 원리를 이루는 것이기도 한데, 이렇게 해서 사람은 과거를 포함한 자신의 인생 전체를 바꿀 수 있다. 이렇게 할 때 사람의 인생이 완성되며, 이것이 오십 대의 사명이다.

삶과 세상에 대한 하늘의 계시를 전하는 주역은 사람의 나이 '오십'에 대해 인생의 황금기이자 이제 비로소 진정한 나의 삶을 살 시간이라고 말한다. 돌아보면 이십 대는 미숙했고 삼사십 대의 삶은 너무 치열했다. 그런데 치열하게 살았다는 것은 휘몰아친 세월에 휩쓸려서 엉겁결에 살았다는 말이기도 하다. 젊은 시절에 사람은 운과 팔자에 치이곤 한다. 그렇게 젊은 날의 열병이 여러 겹의 나이테를 남기고 지나갔을 때 비로소 오십이라는 원숙기에 이른다.

가치 있는 일은 절대적 시간이 필요한 법이다. 이십 대와 삼사십 대를 거친 오십에게는 그동안 축적한 인생이 있다. 그러므로 오십에 이른 이는 이제 자기 인생을 조망할 수 있는 안목이 생긴다. 자신의 기질을 넘어 스스로를 객관화하는 것도 가능해진다. 그는 이제 운에 휩쓸리지 않으며 그 고삐를 틀어쥐고 살 수 있다.

그런데 정작 황금기에 이른 오십 대가 잘못된 관점 때문에 무기력증에 빠지는 것은 안타까운 일이다. 사람의 나이가 오십에 이르면 나타나는 현상이 한 가지 있다. 종교를 찾거나 역술인을 찾는 것이다. 그 이유는 나이 오십에 이르면 더 이상 인력으로 안 되는 일이 많아지기 때문일 것이다.

예를 들어 직장에서 부장 직위까지는 자신의 노력으로 올라갈 수 있다. 하지만 부장에서 임원으로 올라서는 것은 인력으로 되지 않는다. 떨어지는 체력, 나빠지는 건강 역시 인력으로 어찌할 수 없다. 나이 든 자녀도 이제 인력으로 어찌할 수 없다. 결국 오십 대는 천운을 바라며 종교나 역술인을 찾는 것이다.

공자가 평생을 공부한
세상 만물의 법칙

이 때문에 역학자인 필자에게 사람들이 많이 하는 질문 역시 역술(점과 사주팔자)에 대한 것이다. 역경(易經)으로도 불리는 주역(周易)은 원래 점치는 책이니, 필자에게 역술에 대해 묻는 것도 번지수가 틀린 것은 아니다. 하지만 역술에 대한 관심 때문에 주역이 점치는 책일 뿐만 아니라 유교와 도교의 최고 경전이기도 하다는 사실이 간과되는 것은 유감이다.

'사서삼경'이라고 할 때 삼경이 바로 《시경》·《서경》·《역경》인데, 역경은 그중에서도 최고의 경전으로 대우받는다. 주역은 '주나라의 역'이라는 뜻이다. 원래의 역경은 주나라가 아닌 은(殷)나라(기원전 1600년경~기원전 1046년경)의 점인(占人)들이 정립했다. 그러다가 은나라를 멸하고 들어선 주나라가 자신들의 이름을 붙여 주역이라 명명했기에 오늘날 주역이라는 이름이 더 익숙한 것뿐이다.

역경을 정립한 은나라는 점치는 점인들이 통치하던 '점의 왕국'이라고 할 법했다. 점인들의 우두머리가 왕이었는데, 은나라 왕의 통치 권위는 그가 내린 점괘에 대한 해석이 들어맞아야 유지될 수 있었다. 그래서 은나라 점인들은 점의 정확성을 높이기 위해 글자 그대로 심혈을 기울였다.

은나라 점인들은 갑골점을 통해 하늘의 뜻을 계시받고 나서 그 점괘가 맞아 들어가는지를 확인하고자 이 세상을 면밀히 관찰했다. 그렇게 해서 맞아 들어간 점괘는 나중에 비슷한 점을 칠 때 다시 참고하기 위해 분류해서 보관했다. 그 노력은 10년, 100년이 아니라 짧게는 600년, 길게는 1,500년간(은나라 이전을 포함할 경우) 대를 이어 가며 계속되었다. 이렇게 해서 남게 된 최종 텍스트가 바로 역경이다.

역경은 '역에 대한 경전'이라는 뜻이다. 여기서 역(易)은 '세상 만물의 전개 법칙'을 가리킨다. 갑골점을 통해 하늘이 계시한 세상 만물의 전개 법칙을 담고 있는 것이다.

이를 제시한 역경의 문장은 점인들이 쓴 것이 아니다. 점을 통해 내려받은 하늘의 계시를 오랜 세월에 걸쳐 축적하다 보니 현재와 같은 문장으로 형성되었을 뿐이다. 점인들 중 누구도 현재와 같은 문장이 나올 줄 몰랐다. 그러므로 역경은 인간에 의해 창작된 것이 아닌, 진정한 하늘의 계시인 것이다.

이처럼 역경은 하늘이 계시한 세상 만물의 전개 법칙을 담고 있으니, 미래의 변화를 알고자 점을 칠 때 활용할 수 있는 경전이 된다. 하지만 세상 만물의 전개 법칙(존재 법칙)을 담고 있으므로, 이는 그대로 인간의 삶과 이 세상에 대한 근본 통찰에 해당한다. 이 때문에 역경이 단지 점치는 책에 머물지 않고 유교와 도교의 최고 경전이 된 것이다.

역경에 심취했던 공자는 길을 떠날 때도 항상 역경을 지니고 다녔고, 밤에는 머리맡에 두었다가 잠들기 전 언제나 역경을 읽었다. 그리하여 책을 묶은 가죽끈이 세 번 끊어지도록 역경을 읽고 또 읽었다는 '위편삼절(韋編三絶)'의 고사를 남겼다. 또한 실제 삶 속에서 역경의 조언을 따름으로써 위기를 모면하는 모습을 보여 주기도 한다.

이처럼 역경은 성인인 공자도 심취시킨 심오한 통찰을 담고
있기에 누구나 역경을 읽음으로써 인생길을 헤쳐 나가는 데 큰
도움을 받을 수 있다.

오십, 인생의 후반생은
팔자를 바꾸고 넘어서야 할 때

하지만 오늘날 역경의 이러한 면모는 잊힌 채 사람들이 그저
역술인만 찾는 것은 안타까운 일이다. 이는 스스로 노력하기를
포기하고 막연히 천운을 기대하는 것인데, 어떤 역술인들은 이
러한 심리에 편승해서 엉터리 개운 처방을 내리며 돈벌이 수단
으로 삼고 있기도 하다. 하지만 이는 역술의 심각한 타락일 뿐
역경은 그렇게 가르치지 않는다.

우리는 "팔자가 꼬인다"라는 말을 흔히 쓴다. 사람이 쓰는 말
에는 하늘이 내린 지혜가 담겨 있다. "팔자가 꼬인다"라는 말은
팔자가 꼬이는 것이 문제지 사람의 팔자 자체에는 문제가 없다
는 통찰을 담고 있다. 역경은 인생사의 매 경우마다 적절한 조
언을 제공하는데, 이 조언을 따르지 않을 때 팔자가 꼬이는 것
이다. 그러므로 역경의 조언을 따르면 팔자가 꼬이는 것을 피할
수 있고 운이 좋아진다.

또한 팔자는 바꿀 수 있고 바꿔 내야 하는 것이다. 우선 팔자는 내 삶의 출발점이자 재료로 주어진 소중한 나의 자산이다. 그러다가 삶이 후반생에 이르면 이 팔자를 바꿔서 넘어서야 한다. 이렇게 해서 팔자를 넘어설 때 나의 삶이 완결되는 것이며, 그때라야 기쁘게 눈감을 수 있는 것이다.

이처럼 사람의 나이 오십은 자신의 팔자를 바꾸는 작업에 착수해야 하는 시점이다. 이를 통해 자신의 삶을 완결 지을 귀중한 시기다. 이러한 사실을 모르기 때문에 많은 중년이 위기를 맞아 길을 잃고 헤매는 것이다.

그러므로 나이 오십에는 역술인을 찾을 것이 아니라 부디 역경을 한번 읽어 보시기 바란다. 역경이 담고 있는 근본 통찰, 즉 인간의 삶과 이 세상에 대한 하늘의 계시는 오십에게 꼭 필요한 내용이다. 또한 이를 깨달으면 어찌 운이 좋아지지 않을 수 있겠는가. 그러니 나이 오십에는 역술인이 아니라 역경의 독서를 통해 개운하시기 바란다.

강기진

태극사상연구소 홈페이지: www.hansasang.org
이메일: info@hansasang.org

제2장

불변은 만변을
두려워하지 않는다

| 오십의 성찰 |

제4장

믿음을 갖고
마음을 같이하면 길하리라

| 오십의 마음 |

제1장

하늘이 나에게
바라는 것이
있다

오십의 운명

운이란
좋고 나쁨이 없다

· 운 ·

하늘의 도가 운을 행하여 만물을 낳아 기르는 것이다.

天道運行 生育萬物也
천도운행 생육만물야
《이천역전·건괘·단전》

군이 오십이 아니어도 사람은 누구나 '운'이 좋기를 바란다. 하지만 정작 운이란 것이 도대체 무엇인지 제대로 알지 못하는 경우가 많다. 운이 무엇인지 알지 못하면 운이 좋아질 방법이 없다. 그러니 먼저 운이 무엇인지부터 알아보기로 하자. 분명 운이 좋아지는 데 도움이 될 것이다.

우선 상형 문자인 運(운)의 어원을 살핌으로써 힌트를 얻을 수 있다. 運은 辶과 軍이 합쳐진 구조다. 여기서 辶(착)은 '간다'는 뜻이고, 軍(군)은 '군대'를 의미한다. 결국 軍(군)과 辶(착)이 결합한 運(운)은 '군대가 가는 것'을 뜻한다.

그렇다면 군대가 가는 것은 다른 무엇이 가는 것과 어떻게 다를까? 군대가 군사 작전에 따라 이동할 때는 약속된 시간에 정해진 장소에 도달하는 것이 절대적인 사명이다. 두 부대가 합쳐 적과 싸워야 하는 상황에서 한 부대가 정해진 시간보다 늦는다면 전투에서 패하게 된다.

통신 기술이 발달하지 않은 전통 시대에는 더욱 그러했다. 그래서 전통 시대에는 군대가 정해진 시간에 목적지에 도착하지 못하면 그 사실 하나만으로 지휘관의 목을 베었다. 군대가 이동할 때 정해진 시간에 목적지에 도달하는 것이 얼마나 중요한지 알 수 있다.

운은 이처럼 예정된 시간에 목적지에 도달한다는 의미를 글자에 담고 있다. 運이 들어간 단어를 보면 해운업, 운수업, 운행 등이 있다. 고속버스의 '운행'을 예로 들어 보면, 예정된 시간에 목적지에 도달하도록 움직이는 것이다.

우리가 흔히 말하는 '운이 좋다'는 말도 같은 뜻에서 나왔다. 예를 들어 살펴보자. 자격증 시험을 준비하고 있는 아무개의 경우를 상정해 보자.

아무개는 다가오는 자격증 시험에 합격하는 것을 목표로 부지런히 공부하고 있었다. 그런데 집안에 일이 생겨서 교재의 앞부분 절반밖에 공부하지 못한 상황에서 시험일을 맞이하고 말았다. 아무개는 하는 수 없이 '이번 시험은 그냥 경험 삼아 쳐 보기로 하자' 마음먹고 시험장에 갔는데, 마침 교재의 앞부분 절반에서 많은 문제가 출제되어 자격증 시험에 합격했다.

이때 사람들은 아무개를 일러 억세게 운이 좋다고 말할 것이다. 어째서 아무개를 보고 '운이 좋다'고 말하는가를 가만히 보면, 자격증 시험 합격이라는 목적을 예정대로 달성했기 때문이다.

목적을 예정대로
달성하는 힘

이처럼 운이란, 이루고자 하는 목적을 예정대로 달성하는 힘을 말한다. 그러므로 '운이 좋다, 나쁘다'보다는 '운이 강하다, 약하다'는 표현이 보다 부합한다. 그리고 지금 이 책을 읽는 분은 운이 아주 강한 존재라고 말씀드릴 수 있다. 왜냐하면 사람

자체가 운이 아주 강한 존재이기 때문이다. 여기에 바위, 나무, 곰, 사람이 있다고 하자. 이 나열한 순서대로 점점 운이 강하니, 사람인 이상 운이 아주 강한 것이다.

이 세상의 만물은 기립지물(氣立之物)과 신기지물(神機之物) 둘로 나뉜다. 기립지물은 바위와 나무처럼 '기운에 의해 그저 서 있는 존재'를 말하고, 신기지물은 곰과 사람처럼 '정신이 기틀(몸) 속에 들어선 존재'를 말한다.

이제 나무, 곰, 사람을 향해 바윗돌이 굴러오는 상황을 상상해 보자. 나무는 그 자리에 그냥 서 있는 기립지물이기 때문에 바윗돌을 피하지 못하고 맞아서 부러지고 말 것이다. 반면 신기지물인 곰과 사람은 정신이 기틀을 움직이는 존재이기 때문에 바윗돌을 피한다. 그리고 나서 자신에게 예정된 목적을 그대로 수행할 수 있다. 이를 보면 신기지물인 곰과 사람이 기립지물인 나무보다 운이 강하다는 사실을 알 수 있다.

곰과 사람 중에서는 사람이 더 운이 강하다. 곰은 겨울이 오면 겨울잠을 자야 한다. 겨울 한철은 자신의 활동을 계속 이어 갈 수 없다. 반면 사람은 겨울에도 자신에게 예정된 목적을 계속 수행할 수 있다. 이처럼 사람은 신기지물 중에서도 가장 운이 강한 존재로서, 하늘과 땅 사이에 제일의 운인 '갑기토운(甲己土運)'을 부여받은 것이다.

'내가 그렇게 운이 강한 존재인가' 의아할지도 모르겠다. 하지만 증거가 있다. 사람은 누구나 살아가면서 통과 의례를 치른다. 아이는 어른이 되어야 한다. 보호받던 아이가 어느 날 독립적인 사회인이 된다는 것, 이는 굉장한 사건이다. 어느 날 갑자기 자신에게 너무 막중한 책임이 부과되는 것이다. 그런데 가만히 돌이켜 보자. 내가 충분한 준비를 갖추고 어른이 되었던가?

결혼하여 남편이 되고 아내가 된다는 것, 어느 날 아버지가 되고 어머니가 된다는 것, 모두 비슷하다. 사람은 충분히 준비되지 못한 상태에서 어느 날 갑자기 막중한 책임과 마주하게 된다. 하지만 또 그럭저럭 그 역할을 해낸다. 물론 힘에 부쳐 허덕일 때도 있지만 어떻게든 해낸다. 돌아보면 기적 같은 일이 아닌가?

운이란 이루고자 하는 일을 예정대로 달성해 내는 힘이라고 했다. 사람은 그토록 운이 강한 존재다. 이것이 사람에게 부여된 갑기토운의 강력함이다.

1,000년 사는 나무와
100년 사는 사람이 치르는 대가

이 세상에 좋기만 한 것은 없다. 좋은 것에는 대가가 따르는 것이 세상의 이치다.

기립지물인 나무를 보자. 경기도의 용문사 앞에 있는 은행나무는 1,000년을 넘게 살아 높이가 42미터에 이른다. 생명의 기운을 받고 싶은 분들은 가을날 은행잎이 노랗게 물들었을 때 용문사의 은행나무에게 가 보시기 바란다. 1,000년을 넘게 산 생명만이 내뿜을 수 있는 엄청난 기운을 받을 수 있다. 용문사 은행나무는 자신의 발치에 다가온 미미한 사람을 내려다보고서 혀를 찰지도 모른다.

'고작 100년을 사는 존재가 어찌 세상 고민을 다 짊어진 양 하느냐.'

신기지물인 사람은 기껏 100년을 사는데 어째서 기립지물인 나무는 1,000년을 사는 것일까? 그 이유는 나무가 스트레스를 받지 않기 때문이다.

바윗돌이 굴러오는 상황으로 돌아가 보자. 곰과 사람은 바윗돌을 피할 수 있지만, 대신 언제나 긴장하고 있다. 바윗돌처럼 사방에서 자신을 위협할지 모르는 존재를 경계하느라 스트레스를 받는다. 하지만 나무는 이런 스트레스를 받지 않는다.

곰과 사람을 비교해 보면, 곰은 겨울이 오면 겨울잠을 자야 하지만 대신 스트레스는 받지 않는다. 그에 비해 사람은 추위를 피할 집을 장만해야 하고, 난방비를 걱정해야 한다. 두꺼운 겨울옷도 마련해야 한다. 우리나라 사람들에게 집 장만은 평생의 스트레스인데, 어느 날 패딩이란 비싼 옷이 새로 유행하면 이 역시 장만해야 하는 것도 스트레스다.

결국 이루고자 하는 일을 예정대로 달성해 내는 강한 운을 부여받은 사람은 그만큼 스트레스에 시달려야 한다. 사실 사람은 극단의 경계에까지 내몰려 있다. 특히 오십에 이른 많은 사람이 쉬쉬하지만 심리 상담을 받고 약을 먹고 한다. 이처럼 스트레스의 극단에까지 나아갔기 때문에 운이 강할 수 있는 것이다.

그러므로 지금보다도 더 운이 좋아지기를 바라는 사람은 그 대가를 생각해 봐야 한다. 운이 지금보다 더 강해지고자 하면 더 큰 스트레스를 받아야 하는데 이는 사람이 견딜 수 있는 정도를 넘어선다.

이처럼 사람은 가장 운이 강한 존재에 이르렀고, 대신 그만큼의 스트레스에 시달리느라 고통을 받고 있다. 이것이 운의 비용이자 대가다.

다시 용문사 은행나무로 돌아가 보자. 그는 스트레스가 없기에 1,000년을 넘게 살고 있다. 조정으로부터 정3품 벼슬도 받았다. 이쯤 되면 은행나무의 팔자가 부럽지 않을까? 이 세상에 좋기만 한 것은 없고 좋은 것에는 대가가 따른다고 했는데, 은행나무가 치르는 대가는 무엇일까?

그는 1,000년을 넘게 살지만 대신 무정한 존재로 살아가고 있다. 천년의 삶이지만 무정한 삶인 것이다. 신기지물인 사람은 스트레스에 시달리지만 대신 유정한 삶을 살고 있다. 기껏 100년을 살지만 대신 진하게 사는 것이다. 하루를 살아도 사람으로 사는 것은 커다란 축복이다.

스트레스에 시달리고 있는 분이라면 이런 관점에서 생각해 보시면 좋겠다. 유정한 사람, 섬세한 사람일수록 더욱 스트레스를 받는다. 대신 더욱 진하게 살고 있는 것이다.

지금까지 사람이 매우 강한 운을 부여받았다고 말했는데, 사람이 지닌 운보다 강한 운도 존재한다. 그것은 사람을 낳은 대우주, 곧 하늘의 운이다.

하늘은 운을 행해서 만물을 낳아 기르고 있다. 그런데 그 모습을 보면 한 치의 어긋남도 없다. 운이란 이루고자 하는 목적을 예정대로 달성하는 힘을 말한다고 했다. 하늘은 '만물을 낳아 기른다'는 목적을 언제나 예정대로 달성하고 있는 것이다.

그 모습에 감명을 받은 공자는 다음과 같은 대화를 남겼다.

공자가 말씀하셨다. "나는 말을 하지 않으려 한다."

자공이 말했다. "스승님이 말씀을 하지 않으시면 저희는 무엇을 전술하겠습니까?"

공자가 말씀하셨다. "하늘이 무슨 말을 하시더냐? 사계절을 운행하고 만물을 낳건만, 하늘이 무슨 말을 하시더냐?"

子曰 予欲無言

子貢曰 子如不言 則小子何述焉

子曰 天何言哉 四時行焉 百物生焉 天何言哉

《논어·양화》19장

공자의 언명대로 하늘은 언제나 한 치의 어긋남도 없이 때에 맞추어 사계절을 운행하고 만물을 낳고 있다. 만물을 낳아 기르려는 목적을 언제나 예정대로 달성하고 있다.

또한 대우주인 하늘은 자신의 뜻을 이어받을 소우주를 옥동자로 낳았으니 그것이 곧 사람이다. 강한 힘을 가진 갑기토운은 우주에 깃드는 운으로, 소우주인 사람에게 깃든 갑기토운 역시 대우주인 하늘로부터 이어받은 것이다. 그러므로 사람에게 부여된 운은 이미 충분히 강하다.

하늘은 언제나 한 치의 어긋남도 없이 자신의 목적을 이룬다는 사실을 상기하자. 하늘은 자신의 옥동자인 사람에게 꼭 필요한 만큼의 운을 부여했다. 이미 충분한 것이다.

길흉을 만나야 대업을 이룬다

· 길흉 ·

역에는 태극이 있으니, 태극이 양의를 낳고, 양의가 사상을 낳는다.
사상이 팔괘를 낳으니, 팔괘가 길흉을 정하며, 길흉이 대업을 낳는다.

易有太極 是生兩儀 兩儀生四象 四象生八卦 八卦定吉凶 吉凶生大業
역유태극 시생양의 양의생사상 사상생팔괘 팔괘정길흉 길흉생대업

〈계사상전〉 11장

앞서 사람에게 부여된 운이 이미 충분히 강한 것이라고 말씀
드렸다. 하지만 그럼에도 사람은 언제나 자신에게 부여된 운이
부족한 듯 느끼곤 한다. 이 때문에 언제나 운이 좋아지길 바라
는 것이다. 이처럼 느끼는 이유 중의 하나는 사람이 언제나 '길

흉(吉|凶)'과 마주하기 때문이다.

길·흉이란 바라는 것을 잃고 얻은 경우를 말하는 것이다. 회·
린이란 그것에 작은 하자가 있는 경우를 말하는 것이다.

吉凶者 言乎其失得也 悔吝者 言乎其小疵也

〈계사상전〉 3장

하늘의 계시를 기록한 역경은 이 세상에서 벌어지는 일의 결
과를 길·흉·회·린 네 가지로 평가한다. 이때 길(吉)이란 '바라는
것을 얻은 경우'를 말하고, 흉(凶)은 '얻지 못한 경우'를 말한다.
회(悔)는 '바라는 것을 얻긴 얻었는데 무언가 마음에 걸리는 것
(미련, 아쉬움, 회한 등)이 남는 경우'를 말한다. 린(吝)은 '바라
는 결과를 얻긴 했지만 그 주어진 결과가 좀 인색한 경우'를 가
리킨다.

앞서 운이란 이루고자 하는 목적을 예정대로 달성하는 힘이
며, 사람은 매우 강한 운을 하늘로부터 부여받았다고 했다. 그
럼에도 사람은 자신이 이루고자 하는 목적을 달성하지 못하는
경우가 왕왕 있다. 하늘이 보기에도 흉한 결과가 나오는 흉운이
존재하는 것이다.

역경은 주인공인 군자가 인생의 여행길을 답파해 가는 구조를

취하고 있다. 그 여행길에서 군자가 맞이한 결과를 놓고 보면 길(吉)이 141회, 흉(凶)이 57회 등장한다. 회(悔)는 32회, 린(吝)은 20회 등장한다.

길흉만 놓고 보면 그 비율은 대략 70 대 30이다. 길한 일이 흉한 일보다 두 배 넘게 많으니 그래도 살 만한 세상이라고 해야 할까, 아니면 흉한 일이 57회나 발생할 수 있다고 하니 역시 힘든 세상이라고 해야 할까. 바라는 것을 얻긴 얻었어도 미련이나 아쉬움, 회한이 남는 것은 또 어쩔 것이며, 바라는 것을 기왕 줄 것이면 마음에 차게 줄 일이지 왜 또 인색하게 준다는 말인가.

어쨌든 세상만사에는 이처럼 길흉회린이 넘치며 우리 뜻대로 되지를 않는다. 하늘이 보기에도 사람의 인생살이는 결코 평탄하지 않은 것이다.

왜 꼭 그래야 할까? 어째서 하늘이 창조한 이 세상이 지극히 평탄하지 못하고, 길흉 같은 것이 존재할까? 앞서 하늘의 도가 운을 행하여 만물을 낳아 기르는 것이라 했고, 하늘은 언제나 한 치의 어긋남도 없이 자신의 목적을 달성한다고 했다. 그렇다면 어째서 세상만사가 항상 원만하지 못하고 흉한 결과도 존재하는 것일까?

이 글의 서두에 제시한 〈계사상전〉 11장이 이 질문에 대한 역경의 대답이다. 이를 보면 '대업'을 낳기 위해 길흉이 존재한다는데, 여기서 대업이란 앞서 말한 만물을 낳아 기르는 것, 즉 천지 창조를 가리킨다. 결국 〈계사상전〉 11장의 취지는 하늘이 천지 창조라는 대업을 이루기 위해 길흉이 존재하게 되는 것이라는 말이다.

천지 창조 삼라만상,
세상은 어떻게 돌아가는가

〈계사상전〉 11장의 내용을 그림으로 제시하면 [그림 1]과 같다. 이는 우주를 낳은 근원적 '일자(一者)'로부터 우주의 삼라만상이 펼쳐져 나간 모습을 보여 주는 것이다. 일자란, 이 세상의 모든 것이 비롯한 근원을 지칭하는 철학 분야의 용어다.

"역에는 태극이 있다"에서 역(易)은 글머리에서 설명한 바와 같이 '세상 만물의 전개 법칙'이고, 태극(太極)은 '커다란 궁극'이라는 뜻이다. 태극은 우리 우주에 넘쳐흐르는 온갖 삼라만상의 근원이 되는 궁극을 가리킨다. 우리 우주가 처음 빅뱅을 일으켰을 때 빅뱅의 시작점에 해당하는 것이다. 하지만 이 태극이 궁극의 일자인 것은 아니다.

왜냐하면 "역에는 태극이 있다"라고 했으니, 역이 일단 작용을 일으키고 나서 태극이 있기 때문이다. 태초에 이러한 역의 작용

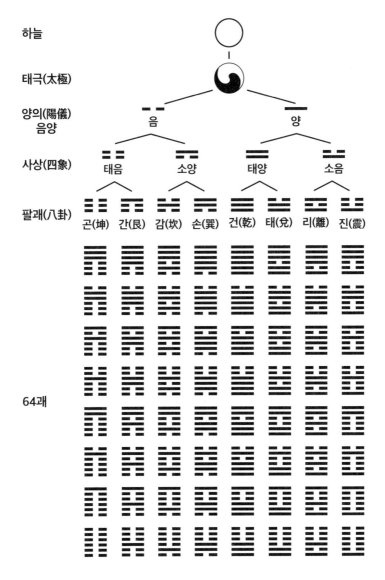

하늘

태극(太極)

양의(陽儀)
음양   음   양

사상(四象)   태음   소양   태양   소음

팔괘(八卦)   곤(坤) 간(艮) 감(坎) 손(巽) 건(乾) 태(兌) 리(離) 진(震)

64괘

[그림 1] 하늘, 태극, 팔괘, 64괘의 천지 창조

을 일으킨 초월적 하늘이 또 존재하는 것이다. 이 하늘이 태극보다 상위에 있는 지고의 존재이며 궁극의 일자에 해당한다.

이러한 지고의 존재를 은나라 사람들은 하늘이라 부른 것이다. 이는 유라시아 대륙 북방 지대에 폭넓게 걸쳐 살았던 이족(夷族) 모두에 공통된 현상이었으니, 그에 따라 우리 한국인 역시 지고의 존재를 하늘이라 부르는 것이다.

"태극이 양의를 낳는다"에서 양의(兩儀)는 음과 양의 대대(待對)구조를 말한다. 대대란 서로 의지하는[待] 동시에 서로 대립하는[對] 관계를 뜻하는 말로, 이는 우리 우주의 삼라만상이 이러한 대대의 상호 분리를 통해 생겨나고 존재하게 되는 원리를 뜻한다. [그림 1]이 바로 이러한 원리를 통해 현상계에서 삼라만상이 펼쳐지는 모습을 보여 주는 것이다.

이처럼 태극이 음과 양이라는 대대의 상호 분리를 낳음으로써 천지 창조가 시작된다는 것은 은나라 점인들이 계시받은 천지 창조의 원형이라고 할 수 있다.

20세기에 이르러 노벨물리학상 수장자인 닐스 보어는 물리적 세계에서 모든 성질은 상보적으로 쌍을 이룬 켤레로서만 존재한다고 분석했다. 이후로 오늘날 물리학에서는 우주의 기본 구도가 대칭을 이룬다는 사실을 하나의 상식으로 받아들이고 있다. 이를 통해 점인들이 상고 시대에 내려받은 계시가 틀림없는 것이었음을 확인할 수 있다.

[그림 1]에서는 태극이 음과 양을 낳은 후, 음과 양이 각각 다시 음과 양으로 분화하여 사상을 이루고, 사상이 다시 팔괘를 이룬다. 이후 팔괘를 겹쳐서 64괘에 이르면 천지 창조의 큰 틀이 일단락된다. 이렇게 해서 완성된 [그림 1]이 은나라 점인들이 계시받은 천지 창조의 원형이며, 우리가 속한 우주의 모습이다. 여기서 세상 만물은 64괘로 표상된다.

그런데 하늘과 태극이 둥근 원 모양임에 비해, 땅 위의 만물인 64괘가 모난 모습을 하고 있다는 사실은 특별한 의미를 띤다. 이에 대해 역경은 다음과 같이 말한다.

모난 모습에 따라 동류끼리 모이고 만물이 무리로 구분되니 길흉이 생겨난다.
方以類聚 物以羣分 吉凶生矣

〈계사상전〉 1장

여기서 '모가 나 있다'는 한자로 方(모 방)인데, 이는 방향성이 있다는 뜻이다. 그러므로 '모난 모습에 따라 동류끼리 모인다'는 것은 방향성이 같은 동류끼리 모인다는 말이다.

다른 곳에서는 다음과 같이 말하고 있기도 하다.

같은 소리는 서로 응하고, 같은 기운은 서로를 구하며, 물은
습한 곳으로 흐르고, 불은 건조한 곳으로 나아간다.

同聲相應 同氣相求 水流濕 火就燥

〈문언전〉

이 역시 천지만물의 속성이 기본적으로 동류끼리 서로 애착
하는 성질이 있다는 말이다.

결국 하늘과 태극을 떠나 천지만물이 생기고 나면 모난 모습
에 따라 동류끼리 모이고 무리로 구분되며, 이후 동류끼리 서로
애착하고 미워하는 경향이 생기니 결국 길흉이 생겨날 수밖에
없다는 것이 역경이 파악한 이 우주의 모습이다.

현상만을 놓고 본다면 과연 천지 창조 이래 이 세상은 서로
애착하고 미워하는 경향에 의해 혼란의 덩어리가 되고 있다.

사과는 서리를 견뎌야 맛이 들고
쇠는 불질을 견뎌야 단단해지듯

하지만 어째서 꼭 그래야만 하는지 여전히 의문이 남는다. 어
째서 완전무결한 하늘이 창조한 이 세상에 길흉 같은 것이 존재
해서 혼란한 모습을 하고 있단 말인가?

현재 이 세상이 돌아가는 모습을 보라. 사방에 흉운이 넘쳐난다. 우리의 삶은 전혀 의도하지 않은 우연적인 사건들에 따귀를 얻어맞고서 그 부당함에 치를 떨어야 한다. 이 세상은 그런 곳이다. 사람의 머리로는 이 세상의 모습을 쉽게 납득하기 어렵다.

정녕 역경의 말대로, 천지 창조의 대업을 이루기 위해서는 길흉의 존재를 피할 수 없는 것일까? 이와 같은 의문에 대해서는 역경의 다음 구절이 참고가 된다.

길흉이란 정(貞)함이 이기는 것이다.
천지의 도(道)는 정함이 보아 내는 것이다.
일월의 도는 정함이 밝히는 것이다.
천하의 움직임은 정함, 무릇 이것 하나인 것이다.
吉凶者 貞勝者也 天地之道 貞觀者也 日月之道 貞明者也
天下之動 貞夫一者也

〈계사하전〉 1장

이 구절은 길흉이 존재하는 이유를 다른 각도에서 설명한다. 이 세상에 길흉이 존재하는 이유는 정한 사람이 이기도록 하기 위함이라는 것이다.

'정(貞)하다'는 것은 역경이 볼 때 인간의 삶에서 가장 중요한 세 가지 자세 중 하나다. 윗 구절을 통해, 천하의 움직임은 오직 정함 하나일 뿐이라고 단언할 정도다. '정하다'는 개념이 역경에서 그토록 중요하니 여기서 살펴보기로 하자. 나머지 둘은 추후에 살펴볼 것이다.

貞(정)은 '곧다, 지조가 굳다, 마음이 곧바르다; 점치다'의 뜻을 가진 글자다. 자형을 보면 卜과 貝으로 이루어졌는데, 卜(점치다 복)은 은나라의 점인들이 갑골점을 칠 때 하늘의 계시가 갑골등에 갈라진 금의 형태로 나타나던 모습을 형상화한 글자다. 貝은 하늘의 계시를 내려받던 신성한 제기(祭器)인 '鼎(정)'의 생략형이다.

결국 두 글자가 합쳐진 貞은 신성한 제기에 하늘의 계시를 내려받는 모습을 형상화한 글자이며, 이를 통해 하늘의 계시를 대하는 사람의 마음자세가 '곧다, 지조가 굳다, 마음이 곧바르다'는 뜻을 나타내는 글자인 것이다.

그에 따라 역경에서 '정(貞)하다'는 표현은 '어려운 상황에서도 꺾이지 않고 처음에 품었던 뜻을 올곧게, 굳게 지킨다'는 의미로 쓰이고 있다. '꺾이지 않는 마음'을 가리킨다고 할 수 있겠는데, 그 의미를 명쾌하게 우리말 단어로 옮기기 어려워서 필자는 '정하다'는 표현을 그대로 쓴다.

그런데 역경에는 일반적인 정(貞) 외에 안정(安貞), 빈마지정(牝

馬之貞), 유인정(幽人貞), 간정(艱貞), 석서정(鼫鼠貞), 무인지
정(武人之貞) 등 사람의 정한 마음가짐이 7가지 종류로 구분되
어 쓰였다. 생각해 보라. 사람의 정한 마음가짐에 7가지 종류나
있다. 이를 통해 역경을 정립해 낸 은나라 사람들이 매우 정한
사람들이었음을 알 수 있다. 그토록 정한 사람들이었기에 대를
이어 가며 하늘의 계시를 정리해 낸 것이기도 할 것이다.

이러한 은나라의 점인들이 보기에 이 세상에 길흉이 존재하
는 이유는 정한 사람이 이기도록 하기 위함이라고 한다.

흉운이란 자신이 이루고자 하는 목적을 달성하지 못하는 경
우를 가리킨다. 그런데 이러한 흉운이 존재하는 이유가 정한 사
람이 이기도록 하기 위함이며, 반대로 말하면 정하지 못한 사람
이 이기지 못하도록 하기 위함이라는 것이다.

만약 이 세상에 흉운이 존재하지 않는다면 나태한 사람, 방만
한 사람, 약삭빠른 사람들이 길운을 다 차지할 것이기 때문에
흉운을 섞어 넣음으로써 흉운에도 불구하고 꺾이지 않는 마음
을 유지하는 사람들이 이기도록 만들어 놓은 것이 이 세상의 구
조라는 것이다.

이러한 이치를 고려 말의 이색은 다음과 같이 멋진 시구로 표
현해 놓았다.

시가 사람을 궁하게 하는 게 아니라
궁한 사람이라야 시가 공교해진다오.

非詩能窮人
窮者詩乃工

《목은시고·유감》 권8

궁한 사람에게서 뛰어난 시구가 나오는데, 그렇다면 시가 사람을 궁하게 하는 것인가 봤더니 그게 아니라 궁한 사람이라야 시가 공교해진다는 것이다. 사람이 시련을 통한 단련을 거쳤을 때라야 시가 공교해져서 멋진 시구가 나온다는 것이다.

그러고 보면 이 세상에서 참으로 좋은 것은 그 무엇이든 시련을 통한 단련을 거친다. 찬서리를 여러 번 견디고서야 사과에 깊고 오묘한 맛이 들 듯, 이 세상에서 모든 진선미는 비바람에 흔들리는 일 없이 꽃을 피우는 법이 없다.

이러한 이치는 우리말 '부질없다'의 의미에 잘 녹아 있다. 부질없다는 '불질이 없다'는 말에서 유래했다. 불질은 단련의 과정을 말한다. 단련은 쇠붙이를 불에 시뻘겋게 달구어 망치로 두드리고, 이후 찬물에 담가 급하게 식히는 과정을 여러 번 반복하는 것이다. 이러한 단련의 과정을 거쳐야 쇠가 강철로 단단해지며, 이러한 단련을 거치지 않으면 쇠붙이가 물러 터져서 제 구실을 하지 못한다. 이처럼 불질(단련)을 거치지 않은 쇠붙이는 만들어 봐야 아무 쓸데가 없다는 뜻에서 '부질없다'는 말이 유래한 것이다.

사람 역시 마찬가지다. 사람이 단련의 과정을 거치지 않으면 굳세지를 못하니 무슨 일을 벌여 봐야 부질없는 것이다. 이렇게 보면 이 세상에 길흉이 존재하는 이유가 정한 사람들이 이기도록 하기 위한 것이라는 역경의 풀이를 납득할 수 있다.

결국 하늘은 이 세상을 창조할 때 길운과 흉운을 70 대 30의 비율로 섞어 넣음으로써 깊은 맛을 지닌 진선미가 꽃을 피우도록 했고, 그에 따라 천지 창조라는 대업을 이루어 가는 것이다. 이렇게 놓고 보면 천지 창조의 대업을 이루기 위해 길흉이 있어야 한다는 역경의 말을 쉽게 부정하기도 어렵다.

가고자 하는 바가 분명해야
하늘도 돕는다

· 운명 ·

곁에서 나란히 행하되 휩쓸리지 않는데,
하늘을 즐기고 명을 아는 고로 우려하지 않는다.

旁行而不流 樂天知命故 不憂
방행이불류 낙천지명고 불우

〈계사상전〉 4장

우리가 일상에서 '운명'이라는 말을 쓸 때는 어쩔 수 없는 일
을 체념하여 받아들이는 경우를 지칭하는 수가 많다. "운명이
야, 운명"이라고 말할 때는 어쩔 수 없는 운명이니 받아들이라
는 뜻이다. 운명의 사전적 뜻풀이는 다음과 같다.

어떤 대상에게 일어날 미래의 일을 뜻하는 것으로 다소 좋지 않은 일을 나타내는 경향이 있다.

여기서 '다소 좋지 않은 일을 나타낸다'는 풀이는 잘못된 것이다. 이를 '인간의 의지대로 되지 않는 일을 나타낸다'고 바꾸면 좀 더 뜻에 부합할 것이다. 인간의 의지대로 되지 않는 것을 다소 좋지 않은 일로 여기는 것 자체가 현대 사회의 풍조를 반영한 것이라고 할 수 있다.

운명의 작용에는 오만한 자의 무릎을 꺾고 하늘의 뜻을 받아들이게 만드는 측면이 있다. 하지만 이는 세상의 신비를 보여주는 것이지 '좋지 않은 일'이 아니다. 이 같은 신비를 마주했을 때라야 오만해지기 쉬운 인간의 마음이 하늘 앞에 겸손해지는 것이다. 그러므로 운명에는 사람이 어떤 일을 수용하여 받아들이도록 만드는 작용이 분명히 있지만, 이를 좋지 않은 일로 해석하거나 이로 인해 무기력증에 빠진다면 큰 오산이다.

운명은 운(運)과 명(命)인데, 운은 앞에서 살펴보았으니 여기서는 명이 무엇인지 알아보자.

命은 亼(삼합 집)과 口(입 구), 卩(병부 절)이 결합한 모습이다. 亼은 '피라미드 모양으로 생긴 고대의 신전'이고, 口는 '신전에서 들려오는 하늘의 목소리'를 나타내며, 卩은 원래 모양이 己으로 '무릎을 꿇고 있는 사람'을 그린 것이다. 결국 이들이 합쳐진 命 자는 신전에서 들려오는 하늘의 명령에 무릎을 꿇은 채 귀 기울이는 사람을 그린 것이다.

그러므로 命은 원래 하늘이 내린 천명(天命)을 뜻한다. 또한 사람은 누구나 태어날 때부터 하늘로부터 무언가 받은 명이 있고, 이를 이루라고 주어진 것이 사람의 '목숨'이라는 뜻에서 '목숨 명'자로도 쓰이고 있다. 생명(生命), 수명(壽命)에도 명이 들어 있는데, 이는 천명을 완수하라고 주어진 것이 생명이고 수명이라는 뜻이다.

그렇다면 이제 비로소 운(運)과 명(命)이 합쳐진 운명(運命)이 무슨 뜻인지 알 수 있다. 운명이란 길흉의 질곡을 뚫고 자신에게 부여된 명을 향해 운전해 가는 것이다.

운이란 이루고자 하는 목적을 예정대로 달성하는 힘이라 했다. 하늘이 내린 명을 이루라고 부여된 힘이 운인 것이다. 사람은 자신에게 부여된 강한 운인 갑기토운의 힘을 발휘해서 길흉을 뚫고 자신의 명을 향해 나아가야 하는 것이다.

나이 오십을 거저 먹는 것은 아닐 것이다. 오십쯤 되면 그동안 살아온 여정에서 눈앞에 가시밭길이 뻔히 보여도 피하지 않고 걸었던 때가 있지 않았을까? 왜 그런 선택을 했을까? 그래야만 한다고 느꼈기 때문일 것이다. 자신이 감당해야 할 몫이라고 느꼈기 때문일 것이다. 이런 경우가 바로 자신에게 주어진 명이 있음을 느끼는 경우다. 그리고 이런 경우가 서두에서 역경이 말하는 命에 해당한다. 이처럼 자신에게 부여된 명이 있음을 아는 사람은 운명이란 단어의 바른 용법을 알 수 있다.

'가시밭길을 걸어야 하는 것이 나의 운명이라면 기꺼이 걷겠다.'

이같이 말하는 것이 운명의 바른 용법이다. 운명이 체념을 뜻하는 것이 아니고, 무기력증을 낳는 것이 아님을 알 수 있다.

유행가 덕에 '운명을 사랑하라'는 뜻의 '아모르 파티(Amor Fati)'라는 말이 우리나라에서도 꽤 유행했다. 아모르 파티의 조건이 바로 명이 있음을 아는 것이다. 자신에게 주어진 명이 있음을 알 때 가시밭길을 기꺼이 걸을 수 있는 것이며, 그럼에도 자신의 운명을 사랑할 수 있는 것이다. 무작정 아모르 파티가 가능한 것이 아니다.

어울리되 휩쓸리지 말고
즐기되 우려하지 마라

역경은 주인공인 군자가 인생의 64가지 여행길을 답파해 가는 구조를 취한다. 그리고 역경에는 이러한 군자와 대비되는 존재로 소인이 등장한다. 그렇다면 군자와 소인은 어떤 사람들일까?

군자는 자신에게 하늘이 부여한 명이 있음을 아는 사람이다. 그래서 군자는 길흉의 질곡을 피하지 않고 기꺼이 헤쳐 나간다. 반면 소인은 자신에게 명이 있음을 알지 못하기에 오로지 자신의 이익과 안위에만 집착하는 사람이다.

만약 당신이 인생의 지난 여정에서 가시밭길을 피하지 않고 걸었던 경험이 있다면 님도 이미 군자다. 역경은 군자를 위한 하늘의 계시를 담고 있으니 역경을 통해 도움을 얻을 수 있을 것이다. 이 글의 서두에서 〈계사상전〉 4장은 군자를 위한 삶의 태도를 조언하고 있다.

역경은 군자가 삶의 여행길에서 취할 기본적인 태도가 "(다른 사람들) 곁에서 나란히 행하되 휩쓸리지 않는" 것이라고 조언한다. 인간은 사회적 동물이므로 항상 공동체에 속해서 살아가는데, 주변 사람들과 뜻이 잘 통하지 않는 면이 있어도 우선은 그들과 보조를 맞추어 '곁에서 나란히 행함'으로써 불필요한 갈등을 피하라는 것이다. 하지만 동시에 그들과 '휩쓸리지는 않음'으로써 자신을 지키라는 것이다.

군자는 하늘로부터 부여받은 명이 있기에 마냥 남들과 휩쓸려 지낼 수는 없다. 그런데 이런 상황은 사실 편안치 못하다. 인간은 사회적 동물이므로 주변 사람과 함께 휩쓸려 지낼 때 안정감과 만족을 느낄 수 있기 때문이다. 그러므로 오로지 자신의 이익과 안위에만 집착하는 소인은 주변 사람들에게 영합해서 마냥 편안한 반면 도리어 군자는 편안치 못한 것이다.

더 나아가 군자에게는 흉한 일이 닥칠 수 있다. 주변과 함께 휩쓸리지 않는 군자를 고깝게 보는 사람이 있을 수 있기 때문이다. 서로 애착하고 미워하는 경향에 따라 길흉이 생기므로 군자가 처한 상황은 흉운을 불러들일 수 있는 것이다. 매우 우려스러운 상황이라 아니할 수 없다.

그렇다면 이러한 상황에 놓인 군자에게 구원은 무엇인가? 이에 대해 역경은 '명을 아는 것'이 군자의 구원이라고 말한다. 이러한 상황에서 군자는 "하늘을 즐기고 명을 아는 고로 우려하지 않는다"라고 한다.

생각해 보자. 하늘이 나를 이 땅에 내실 때 나에게 바라는 일이 있다는 것은 큰 영광이고, 성스러운 의무다. 하늘이 내린 명은 나의 존재 목적이다. 자신의 존재 목적을 아는 사람은 어떤 상황에서도 구원받을 수 있다. "왜 사는지를 아는 사람은 어떤 고난도 이겨 낼 수 있다"라는 니체의 말만큼은 타당한 것이다. 자기가 이 세상을 살아갈 의미를 아는 사람은 어떤 고난이라도 이겨 낼 수 있다.

그래서 군자는 흉한 일이 벌어질까 우려하지 않는다. 혹시 실제로 흉한 일이 벌어지더라도 기꺼이 감수할 것이다. 자신에게는 성스러운 명이 있기에 피하지 않는 것이다.

군자는 주변 흐름을 쉽사리 거스름으로써 흉운을 자초하려고 하지는 않는다. 명을 이루기 위해 써야 할 자신의 힘을 공연히 낭비할 수 없기 때문이다.

이때 군자가 취하는 태도가 낙천(樂天), 즉 '하늘을 즐기는 것'이다. 주변 사람들과 뜻이 통하지 않아 불편한 상황에서도 군자는 하늘의 도가 운행하고 있음을 알기에 낙천할 수 있다. 하늘의 시간은 인간의 시간과 다르기에 인간의 감각에는 더디 흐를 수 있다. 하지만 반드시 사필귀정할 것이다. 이 때문에 군자는 하늘의 뜻이 어떻게 펼쳐져 가는지를 기꺼운 마음으로 지켜볼 수 있는 것이다.

낙천(樂天)은 '하늘을 낙으로 삼는다'는 말이기도 하다. 연륜이 쌓인 오십이 낙으로 삼을 수 있는 것이 바로 하늘이다. 오십쯤 되면 슬슬 다른 모든 것이 시들해진다. 오십은 하늘을 낙으로 삼아야 하는 것이다.

운에 끌려다니지 않으면 운명을 끌고 다닐 수 있다

"가고자 하는 바가 있다[有攸往(유유왕)]"는 역경이 볼 때 인간의 삶에서 가장 중요한 세 가지 요소 중 또 하나에 해당하는 것이다.

군자가 자신의 천명을 인식하고 그 명에 부응하는 삶을 산다면 자신의 삶에서 마주치는 구체적 상황에서 무언가 실현하고자 하는 바가 생긴다. 천명이 구체적 상황에서 발현되는 것이 군자의 '가고자 하는 바'다. 군자가 가슴에 품은 뜻, 꿈에 그리는 이상, 삶의 목적 등이 이에 해당할 것이다. 역경은 이처럼 사람에게 가고자 하는 바가 있어야 여러 이로운 일이 생긴다고 말한다.

이는 언뜻 앞서 살펴본 내용과 반대되는 언명이라는 점에서 주목된다. 왜냐하면 가고자 하는 바가 있는 군자는 주변 사람들과 기꺼이 보조를 맞추어 곁에서 나란히 행하다가도 명을 이루기 위해 꼭 필요한 순간이라면 흐름을 거스르기도 할 것이기 때문이다. 이때는 군자에게 흉한 일이 벌어질 수도 있다. 그렇다면 어째서 가고자 하는 바가 있어야 이로운 일들이 생긴다고 말하는 것일까?

우선 군자가 이러한 흉운의 가능성을 어떻게 대할까를 생각해 보면, 그는 운에 좌우되지 않을 것이다. 흉운이 두려워 전전긍긍하지 않으며 끌려다니지 않는다. 그 결과 도리어 운에 고삐를 씌워 끌고 다닌다. 그리고 이렇게 하면 운이 도리어 군자에게 굴복한다.

하늘로부터 떨어지는 것이 있음은 (군자의) 뜻이 명을 버리지 않았기 때문이다.

有隕自天 志不舍命也

〈상전·구(姤)괘〉 5효사

운이 좋아지는 비결은 앞으로도 나오겠지만 그중에 가장 근본적인 비결은 이것이다. 천명을 따르면 운이 좋아진다. 명을 이루라고 주어진 힘이 운이며, 하늘이 나를 낳은 목적이 명을 이루는 것이기 때문이다.

역경은 군자가 힘든 상황에서도 명을 버리지 않으면 하늘이 음으로 양으로 돕는데, 심지어 갑자기 하늘에서 뭐가 뚝 떨어지기라도 해서 군자를 돕는다고 말한다.

실제로 군자의 여행길에서 나타나는 사례를 살펴보면 군자가 가고자 하는 바를 분명히 세울 때 유능한 인재가 충성을 보이고, 많은 이와 폭넓은 연대가 가능하며, 백성들의 존경이 따라 군자를 왕으로 추대하기도 한다. 운에 개의치 않고 천명을 따르고자 하는 군자의 진정성이 운을 굴복시키는 것이다.

그러므로 나이 오십에 이른 이는 무엇보다 가고자 하는 바가 있어야 한다. 이는 역경이 볼 때 인간의 삶에서 가장 중요한 세 가지 요소 중 하나다. 가고자 하는 바가 있어야 길흉의 질곡을 뚫고서 자신의 삶을 운전해 갈 수 있다. 그래야 삶이 표류하지 않을 수 있다. 하늘의 도움으로 여러 이로움도 따른다.

무엇보다 사람이 자신의 명을 알지 못하면 자기 삶의 의미를 알 수 없다. 자신의 삶이 어디를 향해 가고 있는지 알 수 없기 때문이다. 이런 사람은 자신의 지난 삶인 과거도 뒤범벅이 되어 그 의미를 알지 못한다. 이런 사람은 자신의 과거를 사랑할 수 없고, 자신의 운명을 사랑할 수 없다. 자신의 운명을 사랑할 수 있으려면 무엇보다 자신의 지나온 삶인 과거를 사랑할 수 있어야 한다. 인간 삶에서 정작 중요한 것은 미래가 아니라 과거인 것이다.

그러므로 오십에게 주어진 과제는 자신의 명을 정립함으로써 지금까지 살아온 지난날의 의미를 명확히 정립하는 것이다. 그때라야 사람은 자신의 과거를 사랑할 수 있고, 그래야 자신의 운명을 사랑할 수 있다. 그때라야 비로소 '아모르 파티'가 가능하다.

모두가 각자 인생의 일등이다

· 팔자 ·

시초의 덕은 원을 이루어 신묘하고,
괘의 덕은 모남이 있어 할 일을 아는 것이다.

著之德 圓而神 卦之德 方以知
시지덕 원이신 괘지덕 방이지
〈계사상전〉 11장

흔히 "아이고, 내 팔자야" 내지 "내 팔자는 왜 이리 사나운가"
하고 팔자 탓을 한다. 하지만 글머리에서 말한 것처럼 팔자가
꼬이는 것이 문제이지, 사람의 팔자 자체에는 아무런 문제가 없
다. 오히려 사람은 주어진 팔자대로 다 살아 내지 못하는 것이

문제이며, 자신의 팔자를 그대로 실현할 때 가장 뿌듯한 충일감을 느낄 수 있다.

그렇지만 사람이 자꾸 팔자 탓을 하게 되는 이유가 있기도 하다. 그 이유를 설명해 주는 것이 바로 서두의 역경 구절이다. 여기서 시초란 주역점을 칠 때 사용하는 신성한 도구로서, 시초의 덕이란 시초를 통해 드러나는 하늘의 뜻이다. 이 하늘의 뜻은 원을 이룬 모습이며 신묘하다는 말이다. 이는 [그림 2]에서 중앙의 둥근 원으로 상징된다. 여기서 원은 인류의 여러 문명에서 완전무결함을 표상하는 상징으로 쓰인다.

이에 비해 세상 만물을 표상하는 64괘의 모습은 어떠한가? 64괘는 앞서 [그림 1]에서 살펴본 바와 같이 모두 궁극의 일자인 하늘이 펼쳐진 결과로 생겨난 것이지만, 어느 것 하나 모난 모습을 벗어난 것이 없다. 사람 역시 세상 만물에 포함되므로 이는 사람 역시 모두 모가 나 있음을 의미하는 것이다. 사람은 누구나 둥글고 원만한 모습이 아니며 완전무결하지 못하다는 뜻이다. 이 때문에 사람은 자꾸 자신의 팔자를 탓하게 되는 것이다.

일찍이 분석 심리학의 창시자 카를 융은 모든 인간의 내면은 불균형하며, 또한 이러한 불균형이 꼭 필요하다는 사실을 적절

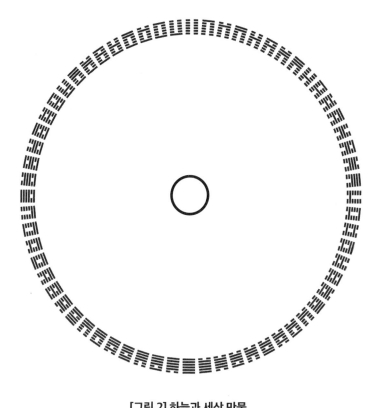

[그림 2] 하늘과 세상 만물

하게 지적한 바 있다. 사람이 무언가를 생각하고 행동하려면 불균형이 꼭 필요하다는 것이다.

혹시 자신은 균형이 잡혔다고 생각할지 모르겠으나 이는 자랑이 될 수 없다. 융에 따르면 원시 부족의 심리 상태일수록 불균형이 적기 때문이다. 그러므로 막연히 균형이 좋고 불균형은

나쁘다는 생각을 버려야 상황을 바로 볼 수 있다.

이 글의 서두에서 제시한 역경 구절 역시 사람에게는 모남이 있어서 자기 할 일을 아는 것이라고 같은 취지를 말하는 것이다. 물론 티끌 하나에도 온 우주가 담겨 있는 법이라 사람에게도 완전무결한 하늘이 그대로 담겨 있다. 하늘이 내게 부여한 영성(靈性)이 바로 그것이다.

마음의 심연에 자리한 두 가지

하늘이 명한 것을 '성(性)'이라 이른다.

天命之謂性

《중용》 1장 1절

性(성)은 忄(마음 심)과 生(날 생)을 합친 것으로 내가 처음 태어날 때부터 나에게 이미 있었던 최초의 마음을 뜻하는 글자다. 내가 처음 태어났을 때는 아직 나에게 의식이 형성되지 않은 상태이니, 이 성(性)은 의식 이전의 것으로 하늘이 내게 부여한 것이다. 성은 내 마음의 씨앗이자 핵으로, 이후 나의 성질(性質), 성격(性格), 특성(特性), 가능성(可能性) 등이 모두 이 성에서 비롯한다.

  그런데 오늘날 이 '성'이라는 단어의 뉘앙스가 달라지다 보니 원래의 성은 하늘이 부여한 '신령한 성'이라는 의미에서 영성으로 부르고 있다. 불가에서는 대개 본성(本性)으로 칭하며, 대승 불교의 심학자들은 여래장(如來藏) 또는 장식(藏識)으로도 명명했다.

  내 마음속 가장 깊은 심연에 자리한 그 모습을 형상화한다면 [그림 3]의 ①과 같이 완전무결한 원을 이룬다. 이는 인간의 영성이 완전무결하다는 사실, 순수의 결정체 그대로이며 설혹 사람이 어떤 과오를 범한다 해도 인간의 영성 자체는 더럽혀지지 않는다는 사실을 반영한 것이다.

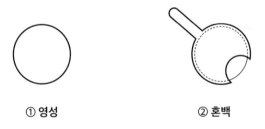

① 영성   ② 혼백

[그림 3] 내 마음의 심연

  그런데 마음의 심연 깊은 곳에 자리한 심층 구조를 살펴보면 이러한 영의 바깥 층위에 ②와 같이 모남이 있는 혼백(魂魄)이 자리하고 있다. 대승 불교의 심학자들이 아리야식(阿梨耶識)이라 불렀고, 서양의 신비주의 사상에서는 아스트랄체라고 부르며 주목해 온 내면의 영역이 바로 이것이다.

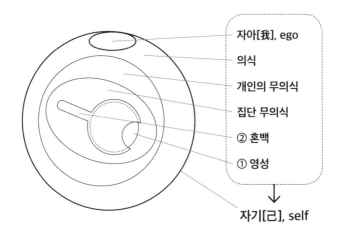

[그림 4] 마음의 구조

　그림에서 보는 바와 같이, 우리의 의식은 가장 바깥 층위에 가서야 비로소, 즉 가장 표층에 존재한다. 그래서 우리의 의식은 평상시 마음속 심연에 잠겨 있는 ①과 ②의 심층 구조를 잘 인식하지 못한다. 사람이 눈을 감고 명상이나 삼매에 드는 이유가 바로 마음의 심연으로 깊이 내려가서 ②의 혼백을 넘어 순수의 결정체인 ①의 영성에 도달하려는 것이다.

그런데 ②에서 주목할 점은 인간의 혼백이 완전무결한 둥근 원인 영성을 기반으로 하면서도 크게 튀어나온 부분과 움푹 들어간 부분이 있어서 모가 나 있다는 사실이다. 카를 융이 인간의 내면에서 관찰해 낸 불균형이 바로 이것이다.

그렇다면 이러한 불균형은 왜 존재할까? 우선 이는 완전무결한 영성이 유한한 물리 공간인 인간 육체의 형질에 담기면서 그 제약성으로 인해 나타나는 현상이다.

'혼백'을 한 단어로 썼지만, 사실 이는 혼(魂)과 백(魄)이 동전의 앞뒷면처럼 합쳐져서 생겼다. 여기서 혼은 '하늘에서 내려온 부분(영성의 반영)'이고 백은 '땅에서 연유한 부분(형질의 반영)'이다. 이 때문에 별도로 혼을 '신령한 혼'이라는 의미에서 영혼이라 부르기도 하는 것이다.

내 마음의 심층 구조에서 ②에 해당하는 부분은 이처럼 각기 하늘과 땅에서 연유한 이원성의 융합으로 이루어진 것이 핵심 특성이다.

대승 불교의 심학자들은 아리야식이 불생불멸의 요소와 생멸의 요소가 화합하여 이루어진다고 해서 화합식(和合識)으로 칭하기도 했다. 그리하여 이 아리야식에서 각(覺)과 불각(不覺)이 겨루게 된다고 했다. 서양의 신비주의 사상에서는 아스트랄체(또는 아스트랄계)에서 천사와 악마가 서로 싸운다고 설명한다.

이처럼 내 마음의 심층 구조에서 ②에 해당하는 부분은 하늘과 땅에서 연유한 이원성이 합쳐져 생긴 것이다 보니 모난 모습으로 발현되는 것이다.

다른 관점에서 이를 보면 ①같이 둥근 영성에 그대로 머문다면 아무런 운동력이 없기 때문에 ②로 옮겨 가는 것이라 말할 수 있다. ①의 상태로는 아무런 창조가 일어나지 못한다. 반면 ②같이 한 방향으로 모가 나면 그 방향으로 흐르는 방향성이 생기고 그로 인해 운동 에너지가 생긴다. 이때 사람은 그 방향성으로 인해 자기 할 일이 무엇인지 알 수 있게 되는 것이다. 역경이 말한 모남[方]이 있어서 '자기 할 일을 안다'는 것이 이를 말한다.

우리는 흔히 '예술혼을 불태운다', '투혼을 불사른다', '혼을 다 바친다' 등의 표현을 쓰는데, 사람이 ①의 완전무결하게 둥근 영성의 상태에 그대로 머문다면 이러한 일들은 일어나지 않는다. ②의 혼백같이 모남이 있어서 자기 할 일을 알 때 비로소 예술혼을 불태우고, 투혼을 불사르며, 혼을 다 바치는 일들이 일어난다. 그리고 그 결과 이 세상에는 온갖 삼라만상이 피어나게 되는 것이다.

하늘의 의도를 알면
팔자의 방향이 보인다

사람의 팔자는 이 때문에 생겨나는 것이다. 사람은 기본적으로 ②가 지향하는 방향으로 흐르게 되어 있다. 그리고 이는 사람의 의식, 의지로도 어쩔 수 없는 흐름이다. 그림에서 보는 바와 같이 ②의 방향성은 우리 마음의 구조에서 표층의 의식보다 깊은 곳에 놓인 심층적인 힘이기 때문이다.

[그림 4]에서 나의 자아('나'라는 생각)는 표층에 놓인 의식의 중심을 이루는 부분이다. '내 돈', '내 집', '내 사랑'이라고 '나'를 고집하는 마음으로 흔히 '에고(ego)'로도 불린다. 이 자아가 주동이 되어 나의 마음을 이리저리 끌고 다니지만, 나의 마음 전체에서 보면 이 자아는 아주 작은 부분일 따름이다.

그러므로 ②의 방향성은 '나'로서도 어쩔 수 없는 부분이다. 사람이 살다 보면 '내가 왜 이러지?' 하고 당황하는 순간이 있고, '그때 내가 왜 그랬을까?' 하고 나중에 돌아봐도 의아한 순간들이 있는데, 이럴 때가 바로 ②의 심층적인 힘을 느끼는 순간들이다. 이처럼 사람은 ②의 심층적인 힘이 자신의 의식, 의지로도 어쩔 수 없다는 것을 무의식 중에 느끼기에 "아이고, 내 팔자야" 하고 팔자 탓을 하게 되는 것이다.

그렇다면 이처럼 자신의 의식, 의지로도 어쩔 수 없이 특정 방향으로 흐르게 하는 힘(이것이 사람의 팔자라고 할 수 있는데)이 사람의 내면에 담겨 있는 이유는 무엇일까? [그림 5]가 그 대답이 될 수 있다.

앞서의 [그림 4]가 한 사람의 모습을 그린 것이라면 [그림 5]는 사람이 모인 공동체 전체의 모습을 그린 것이다.

이를 보면 우선 우리 각자가 자신에게 심긴 지향성의 방향대로 나아갈 때 모두가 1등이 된다는 사실을 알 수 있다. 각자에게 자신만의 독보적인 영역이 주어졌기 때문이다. 내 옆에서 달리는 사람은 함께 뛰며 서로를 자극하고 격려하는 것이지, 나의 경쟁자가 아니다. 목적지가 서로 다 다르기 때문이다. 또한 이렇게 모두가 각자 지향하는 방향으로 나아갈 때 사람이 모인 공동체는 전체로서 보다 큰 원을 이루게 된다.

이는 공동체의 집단 지성이 인간 개체의 한계를 넘어 더 커짐을 말하는 것이다. 사실 이것이 우리 인류의 성공 비결이라고 할 수 있다. 공동체를 이룬 여럿 중에는 보다 더 용기가 있는 이, 보다 더 절제를 잘하는 이, 보다 더 공감을 잘하는 이 등이 있다. 우리는 서로를 보고 배우며 전체로서 보다 더 용기 있고, 절제하고, 공감을 잘하는 존재가 될 수 있는 것이다.

이처럼 [그림 5]를 통해 하늘의 의도를 알 수 있다. 사람의 내

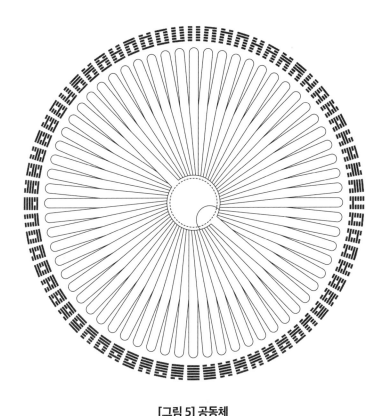

[그림 5] 공동체

면에 특정 방향으로 흐르게 하는 힘(팔자)이 담겨 있는 이유는 각 개인도 행복하고 공동체 전체로도 조화롭기 위한 것이다.

그러므로 사람은 자신에게 새겨진 팔자가 가리키는 방향으로 나아갈 때 운이 좋아질 것임을 알 수 있다. 왜냐하면 하늘이 원하는 방향이 그쪽이기 때문이다. 사람에게 주어진 천명 역시 자신에게 부여된 팔자의 방향으로 나아감으로써 [그림 5]같이 공동체 전체가 조화로운 원을 이루는 데 기여하라는 것이라고 할 수 있다. 내가 하늘의 천지 창조 대업에 기여한다는 말 역시 이 것이라고 할 수 있다.

도망치기 때문에
팔자가 꼬인다

· 기인 ·

신비의 존재를 밝히는 것은 기인에게 달려 있다.
묵묵한 가운데 이루고 말 없는 가운데 믿는 것은 덕행에 달려 있다.

神而明之 存乎其人 默而成之 不言而信 存乎德行
신이명지 존호기인 묵이성지 불언이신 존호덕행
〈계사상전〉 12장

앞서 사람의 팔자 자체에는 아무런 문제가 없음을 배웠다. 도리어 나의 팔자는 하늘이 원하는 방향이니, 내 팔자를 그대로 실현할 때 가장 뿌듯한 충일감을 느낄 수 있을 터다.

하지만 그럼에도 사람들이 대체로 자기 팔자에 만족하지 못하고 자꾸 팔자 탓을 하게 되는 이유 역시 존재한다. 그 이유는 자신의 내면에서 [그림 6]의 ⓐ나 ⓑ 방향과 자꾸 마주치기 때문이다.

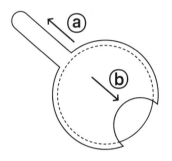

[그림 6] 내면의 심층 구조

먼저 ⓑ 방향의 움푹 패인 곳은 나에게 결핍된 부분이다. [그림 6]은 인간 내면의 심층 구조로, 사람이면 누구나 이처럼 자기 내면에 20%쯤 움푹 패인 부분이 있다. 왜냐하면 반대 방향으로 도드라진 장점이 있기 위해서는 필연적으로 그리 되기 때문이다. 그림에서 동그란 원의 크기는 모든 사람이 동일하므로, 무언가 특정 방향으로 솟아나온 장점이 있기 위해서는 그 반대쪽에 움푹 꺼진 단점이 생기는 것이다.

문제는 이 같은 결점과 단점으로 인해 사람이 불안감과 열등감을 갖게 된다는 사실이다. 자기에게 결핍된 부분이 있음을 느낄 때 사람은 자신에게 뭔가 문제가 있는 것이 아닌지 생각하게 된다. 사람은 누구나 [그림 6]과 같이 움푹 패인 부분이 있어서 결점이 있고 열등감이 있다. 하지만 겉으로 드러내지는 않으니 '남들은 안 그런 것 같은데 나만 그렇다'고 생각하게 되는 것이다.

ⓐ 방향의 경우는 나의 도드라진 장점인데, 이 역시 모난 부분으로서 문제가 될 수 있다. 남들로부터 '너는 왜 유별나게 구느냐', '너는 왜 비싸게 구느냐'는 말을 듣는 것이다. 이러한 남들의 비난을 받아들이고 내면화할 경우 ⓐ 지점 역시 문제가 된다. '왜 나는 남들처럼 적당히 넘어가지 못할까', '나는 비뚤어지고 못된 사람인가' 하고 스스로 괴로워하며 자책하는 것이다.

산다는 것은 고통이지만
고통이 살아 있게 만든다

카를 융이 정립한 분석 심리학에서는 "누구든지 자기 십자가를 지고 나를 따라오지 않으면 내 제자가 될 수 없다"라고 한 예수의 말씀을 주목한다.

예수는 십자가를 짊어지고 골고다 언덕 길을 걸어 올라갔다. 예수의 이 말씀은 예수만 그런 것이 아니라 사람이면 누구나 자기 몫의 십자가 고통이 주어져 있다는 것이다. 사람이면 누구나 자기 십자가를 짊어지고 인생의 언덕길을 걸어 올라가야 한다는 것이다.

분석 심리학에서는 이러한 자기 몫의 십자가를 자기실현(개성화)의 과제와 결부시킨다. 자신에게 달라붙어 있는 불균형, 부조화, 결핍, 결점, 상처 등등. 아무리 떼 내고 싶어도 떼 낼 수 없는 지긋지긋한 무엇이 사람에게는 있고, 그것이 초래하는 고통 역시 있다.

각자 자신의 십자가를 짊어진다는 것은 이러한 불균형이 초래하는 고통을 감내하고 자기 삶을 기꺼이 부둥켜안는 것이다. 우리 자신의 결점을 받아들이고 직시하는 것, 이에 대해 눈감고 외면하지 않으며 기꺼이 짊어진 채 자기 자신의 운명을 살아 내는 것이 자신의 십자가를 짊어지는 것이다.

하지만 사람은 무의식 중에 이러한 십자가의 고통으로부터 도망치고 싶어진다. [그림 6]의 ⓐ와 ⓑ에 집착할 경우 스스로 자신이 싫어지기 때문에 눈감고 외면하면서 자신에게서 도망치는 것이다. 또는 [그림 6]의 자기 팔자가 지시하는 삶을 살아 낼 자신감을 잃기도 한다. 이렇게 되면 사람은 팔자가 꼬이기 시작한다. 팔자가 꼬이는 것은 스스로 팔자로부터 도망치기 때문인 경우가 많은 것이다.

신기지물인 사람은 기립지물과 달라서 자체로 소우주를 이룬다. 자체의 정신이 깃들어 있고 인격이 있다. 문제는 그에게 정신의 감수성이 있고, 정신의 고통이 있다는 사실이다. 사람은 ⓐ나 ⓑ 방향의 모남과 결핍을 마주할 때 필연적으로 괴로움을 느낀다.

죽는 날까지 하늘을 우러러
한 점 부끄럼이 없기를,
잎새에 이는 바람에도
나는 괴로워했다.

윤동주의 〈서시〉가 그토록 사랑받는 이유는 누구나 무의식 중에 시 내용에 공감하기 때문이다. 누구나 무의식 중에 하늘을 우러러 한 점 부끄럼이 없기를 바라는데, 자기에게서 모나고 결핍된 부분을 느낄 때 괴로워하는 것이다. 사실 인간에게 이러한 감수성은 꼭 필요하다. 이 감수성이 우리를 깨어 있게 만들기 때문이다. 스스로 자책하는 사람은 살아 있는 영혼의 증거이며, 그로 인해 이 우주에 신비가 살아 있는 것이다.

이 세상을 볼 때 가장 놀라운 점은 이 세상이 아직도 망하지 않았다는 사실이다. 생각해 보면 이는 기적적인 일이다. 사람들은 이기적이고 부도덕하다. 도처에서 남을 속이고 남의 것을 뺏으려 든다. 이 세상은 기본적으로 약육강식의 세계다. 갈수록 세상은 살벌해지고 있다…. 왜 아니겠는가? 하지만 그럼에도 이 세상은 아직도 망하지 않았다.

그 이유는 사람에게는 비관적인 전망을 낳게 하는 동물적 욕구 외에 영혼의 욕구도 있기 때문이다. 사람은 전일성(全一性)에 이르고자 하는 욕구가 있다. 이는 인간의 혼이 영에 이르고자 하는 욕구다. [그림 6]에서 ⓑ 방향의 내면의 결핍을 채워 완전한 영에 이르고자 하는 욕구다. 이 욕구가 사람의 영혼이 움직이게 하는 근본적 에너지를 제공한다.

그러므로 인간 내면의 결핍에는 큰 뜻이 있는 것이다. 이를 느끼는 인간 정신의 감수성이 사람을 깨어 있게 만들고, 사람을 살아 있는 영혼으로 만든다. 그리하여 이 세상에 신비가 존재함을 밝히는 '기인(其人)'의 역할을 담당하는 것이다.

나의 길은 나만 걸을 수 있다는
마음으로 살아라

"신비의 존재를 밝히는 것은 기인에게 달려 있다"에서 신비란 '하늘의 뜻이 땅 위에서도 이루어지는 것'을 말한다. 이를테면

이 세상 돌아가는 일 중에 인간의 동물적 욕구(물질적 욕구)로 설명되지 않는 부분이 신비에 해당한다.

기인은 '그 사람'이라는 뜻이다. 우리말 '그'에는 '합당하다'는 뜻이 담겨 있다. '바로 그거야, 그거'라고 말할 때의 '그', 또는 '우리가 찾던 바로 그 사람이야'라고 말할 때의 '그'다. 그러므로 역경이 언급한 기인은 하늘이 기다려 온 바로 '그 사람'을 의미한다.

"묵묵한 가운데 이룬다"는 '하늘의 뜻을 이루는 것'을 말한다. "말 없는 가운데 믿는다"는 '하늘의 뜻이 존재함을 믿는 것'이다. 자신에게 하늘로부터 주어진 명이 있음을 믿는 것이다. 이처럼 묵묵한 가운데 이루고, 말 없는 가운데 믿는 것은 '그 사람'의 덕행에 달려 있다는 말이다.

이 때문에 하늘은 영혼의 감수성이 풍부한 그 사람을 기다리는 것이다. 하지만 내면의 결핍을 느끼는 감수성이 지나칠 때는 도리어 문제가 될 수 있다. 자기 팔자가 가리키는 삶을 살아 낼 자신감을 잃고 마는 것이다. 그래서 자신의 팔자를 애써 외면하고 회피하려 들게 된다.

이런 사람은 [그림 6]이 아니라 [그림 5]에서 전체의 구도 속에 놓인 자신에 주목해야 한다. [그림 5]는 사실 이 우주가 전체적인 계획하에 창조되었음을 보여 주는 증거다. [그림 5]에서 '나'는 하늘의 천지 창조라는 대업에서 일익을 담당하는 신성한 임무를 부여받고 그에 합당한 자리에 놓여 있다. 나는 하늘이 기다려 온 바로 '그 사람'인 것이다.

가만히 생각해 보면 지금 내 앞에 놓여 있는 이 길을 걸을 수 있는 사람은 지금의 나 이외에 아무도 없음을 알 수 있다. 이 지구상의 80억 인구 중에 이 길을 나 대신 걸을 수 있는 사람은 아무도 없다. 과거에도 없었고 미래에도 없을 것이다.

그러므로 지금 내 앞에 놓여 있는 이 길은 오로지 나만을 위해 놓인 것이다. 태초 이래로 오로지 지금의 나를 위해 예비된 길인 것이다. 하늘은 빅뱅을 일으킨 이래 138억 년 동안 나를 예비하고 기다려 왔다. 지금의 이 길을 걸어 달라고. 그러므로 마음먹고 걸으면 나는 이 길을 아주 잘 걸을 수 있다. 하늘의 도움 역시 음으로 양으로 따를 것이다. '지금 이 길이 나의 운명이라면 내가 걷겠다, 내가 감당하겠다' 마음먹고 기꺼운 마음으로 걷는다면 하늘이 지켜보며 기뻐할 것이다.

이처럼 나는 누구도 대신할 수 없는 천명을 부여받고 태어난 소중한 존재임을 깨달아야 한다. 나의 팔자는 대체 불가능한 신성한 것이다. 이를 깨달을 때 나는 나를 다시 볼 수 있다. 세상에서 제일 서러운 일이 무엇일까? 내가 나를 몰라주는 것이다. 내가 나를 알아줄 때라야 오십이 자신의 과거를 바로 세울 수 있다.

결국 자기 생긴 대로
사는 법이다

· 기질 ·

태소음양인의 식견과 재능은 각각 장점이 있으니 …
온갖 행동이 각각 같지 않아서 다 그 오묘함을 달리한다.

太少陰陽人 識見才局 各有所長 … 凡百做造 面面不同 皆異其妙
태소음양인 식견재국 각유소장 … 범백주조 면면부동 개이기묘

《동의수세보원·사상인변증론》

자신의 성격에서 초래되는 마음의 괴로움을 간직한 분은 자신
에게 새겨진 기질의 문제를 생각해 볼 필요가 있다. 기질은 혼
백(魂魄)에서 백(魄)이 초래하는 측면이다. 완전무결한 성(性)
이 유한한 인간 육체의 형질(形質)에 담기면서 성질(性質)을 이

룬다. 그러므로 원래는 성질로 써야 맞는데, 오늘날 성질이라는 단어의 뉘앙스가 달라지면서 지금은 흔히 기질로 부르고 있다.

이 기질에는 장점과 단점이 반드시 있다. 그리고 기질은 반드시 마음의 아픔을 초래한다. 이 사실은 사상 의학을 정립한 동무 이제마가 밝힌 것이다. 동무는 평생 역경이 제시한 성(性)이 인간에게서 어떻게 발현하는지를 천착했다. 그 결과 역경의 사상(四象)에 대응하는 사상 체질 의학을 정립했다.

동무 이제마가 정리한 기질과 마음 건강

네 가지 체질인 태음인, 태양인, 소음인, 소양인에 대한 언급은 고대의 《황제내경》에 이미 나타나므로 그 유래가 오랜 것이다. 하지만 《황제내경》 단계에서는 아직 연구가 정밀하지 못하여 태소음양인에 대해 대략 외형만 말할 뿐 오장의 이치는 말하지 않았다. 그러던 것이 동무의 사상 의학에 이르러 오장인 간·심·비·폐·신의 강약에 따른 기질의 차이를 바탕으로 사상 체질 의학이 정립되었다.

특히 동무가 남긴 위대한 업적은 우리 마음의 문제를 풀었다는 것이다. 동무는 우리의 마음이 몸의 주재자이며 이 세계의 주재자임을 밝혔다. 종래의 의학은 동서양을 막론하고 마음과 몸을 별개로 다루었다. 그러나 동무는 사상 의학을 통해 마음이 치우쳐 고착한 것이 몸의 병이 된다는 사실을 밝혔다.

사상 의학에서는 몸의 병을 고치기 위해 먼저 마음 건강을 회복할 것을 가르친다. 마음이 건강할 때 천수를 온전히 누려 장수할 수 있고, 원기를 보전하여 건강할 수 있기 때문이다. 동무의 저서《수세보원(壽世保元)》의 의미가 바로 이것이다.

또한 동무는 우리가 지닌 마음의 괴로움을 관찰하고서 그 괴로움이 사상 체질별로 일정한 패턴을 보인다는 사실을 밝혔다. 여기에 더해 동무는 그러한 마음의 괴로움이 존재하는 이유를 밝혔고, 그 괴로움을 관리하는 방법까지 제시했다. 그러므로 마음의 괴로움이 있는 분들은 사상 체질을 진단해 도움을 받을 수 있을 것이다.

동무는 사람이 보다 많은 체질로 나뉨을 알았다. 실제로 질병에 대한 처방은 여덟 가지 체질로 나누어 제시하기도 했다. 요즘 인기를 끌고 있는 '팔체질'이 이것이다. 이는 역경의 체계에서 사상이 아닌 팔괘에 대응하는 것이라 할 수 있다. 하지만 마음의 문제는 사상으로 나누었으며 전체 의학의 체계 역시 사상체질에 집중하고 있다.

요즘 우리나라에서 서양의 MBTI가 유행이지만, 동무의 가르침에서는 그보다 더 깊이 있고 뛰어난 통찰을 볼 수 있다.

동무의 사상 체질을 각각 넷으로 나누면 MBTI의 16성격이 되며, 이 16성격을 다시 각각 넷으로 나누면 64괘가 된다. 결국 사람의 성격 유형은 총 64가지이며, 앞서 [그림 5]가 바로 인간의 성격 유형이 총 64가지임을 보여 준다. 단지 필요에 따라 16가지로 묶기도 하고 4가지로 묶기도 하는 것이다. 경우에 따라서는 8가지로 묶을 수도 있고(팔체질), 32가지로 묶을 수도 있다.

실제로 최근 서양의 MBTI 연구에서는 16성격 각각을 다시 둘로 나눌 수 있다고 보고, 인간의 성격 유형을 총 32가지로 제시한다. 하지만 서양의 심리학 연구가 더욱 발전을 이루면 그 32가지 성격 유형 각각이 다시 둘로 나뉨을 발견하게 될 것이며, 그에 따라 인간의 성격 유형은 총 64가지라는 결론에 도달하게 될 것이다.

동무가 남긴 통찰의 진면목을 알면, 무지막지하게 시대를 앞서갔던 대천재를 보게 된다. 이런 분이 한반도에 나셨음은 모든 한국인의 기쁨일 것이다. 이처럼 위대한 성철이신 동무는 전무후무한 의학이자 철학, 대사상을 후손에게 물려주셨으나, 후손들의 불초함과 대천재의 난해한 한문 필치가 맞물리면서 한국인의 손에 의해 정립된 이 위대한 통찰이 아직까지도 제대로 알려지지 못했다.

이에 필자는 그동안 누적된 연구를 바탕으로, 마음의 문제가 사상 의학과 철학의 본령임을 알리고 보급하기 위해 사상체질 연구소를 설립했고, 벤처 회사와 제휴하여 누구나 쉽게 이용할 수 있도록 '사상체질과 마음건강'이라는 어플을 출시했다. 관심 있는 독자들은 이용해 보시기 바란다.

체질(기질)은 사람에게 새겨진 결이라고 할 수 있다. 세상 만물에는 각자 독특한 결이 새겨져 있으니, 이는 만물이 각자의 소임을 다할 수 있도록 하늘이 부여한 것이다. 사람에게 새겨진 결도 마찬가지다. 하늘은 사람이 천명을 이루는 모습을 보고 싶어 하므로, 사람이 각자 천명의 길을 잘 걸을 수 있도록 그에 맞는 결을 부여한 것이다.

그러므로 사람이 자신에게 새겨진 결(기질)을 받아들이고 걸어 나가면 가장 만족스러운 삶을 살 수 있다. 또한 '내가 이 길을 걸어 낼 수 있을까' 하는 생각이 들고 자신이 없어도 일단 받아들이고 걸어 나가면 능히 해낼 수 있다. 왜냐하면 하늘은 내가 그 길을 잘 걸을 수 있도록 이미 예비해 놓았기 때문이다. 나는 그 길을 걸을 수 있도록 잘 준비되어 있다. 그것이 나의 기질이고 체질이다. 그러므로 그 길을 걸을 때 일이 잘 풀리고 운이 좋아질 것임은 당연하다.

나를 모르면 길을 잃고,
나를 알면 제 길을 간다

기질과 체질은 모두 [그림 6]의 모난 특성을 가리키는 말이며, 사람 각자에게 부여된 독특한 결을 가리키는 표현이다. 하늘이 사람에게 이처럼 독특한 결을 부여한 이유를 다시 생각해 보면, '모남이 있어 할 일을 아는 것'이라는 역경의 통찰을 다시금 주목하게 된다.

모남이 있는 사람은 다른 사람이 뭐라고 하든 자신의 기질이 만족하지 못하면 만족하지 않는다. 그는 다른 사람의 말을 듣지 않고 끝내 자신의 기질대로 행하고 만다. 이에 대해 '사람이 모가 났다'는 비판이 따르기도 하고, 스스로도 '나는 도대체 왜 이럴까' 하고 괴로워하지만, 달리 보면 이것이 바로 하늘의 의도한 바라고 할 수 있다.

[그림 5]가 상징하는 하늘의 뜻은 각 사람이 자신의 체질·기질대로 고집을 부려 주기를 바라는 것이다. 비타협적으로 자신에게 새겨진 결의 방향대로 나아가 하늘의 뜻을 실현해 주기를 바라는 것이다. 이 세상에 신비가 존재함을 밝히는 '그 사람'이 되어 주기를 바라는 것이다. 이러한 하늘의 뜻이 바로 인간 내면의 저 아래 심층 구조에 담겨 있다.

이 때문에 사람의 의식, 의지로도 어쩔 수 없는 것이다. 사람은 '내가 왜 이러지?' 하면서도 결국 자기 기질대로 하지 않으면 끝내 만족하지 못하고 만다. 이는 사람이 하늘의 도구라는 증거가 되는 것이다. 그래서 사람은 끝내 여기서 도망치지 못한다. 자기 팔자가 싫어서 회피했던 사람도 나중에 돌아보면 결국 팔자대로 살아오지 않았을까? 오십쯤 되면 분명하지 않을까? '팔자 소관'이라는 것이 이를 말하는 것이다.

애초에 하늘이 [그림 2]에서 둥근 원을 이룬 상태로 홀로 남아 있으면 천지 창조를 일으키지 못한다. 천지 창조를 일으켜야 이 세상에는 온갖 참된 것, 좋은 것, 아름다운 것(진선미)들이 피어난다. 그러므로 하늘은 천지 창조를 이루기 위한 대리인으로 사람을 낳는 것이며, 사람 각자가 자신의 팔자의 길로 나아가도록 그에 합당한 독특한 결을 부여한다. 그 결과 사람은 자기 기질대로, 자기 고집대로 자신의 길을 나아가며 좌충우돌 모난 모습을 보인다. 또한 그 결과 이 세상에는 천지 창조의 진선미가 만발하게 되는 것이다.

이는 하늘의 의도를 달성하는 것이지만, 그 결과 사람은 자기 인생에서 좌충우돌하며 많은 곡절을 겪어야 한다. 이는 사람의 의식, 의지로 어쩔 수 없는 힘이기 때문에 사람은 자신의 기질에 치이곤 한다. 특히 경험이 부족한 생의 전반기에 더욱 그러하다.

이럴 때 사람은 스스로 당황한다. '내가 왜 이러지?', '내가 왜 그랬을까?' 또는 '왜 나는 적당히 넘어가지 못하나?', '왜 나는 둥글둥글 넘어가지 못하나?', '왜 나는…?' 하고 자신의 모난 모습에 괴로워한다.

최근 이와 관련한 흥미로운 사례를 목격했다. 한국인으로서 수학 분야의 노벨상인 필즈상을 수상해 유명해진 허준이 교수가 서울대학교 졸업식에 연사로 초대되어 남긴 축사에서 다음의 구절이 눈에 띄었다.

"학위 수여식에 참석할 때 감수해야 할 위험 중 하나가 졸업축사가 아닌가 합니다. 우연과 의지와 기질이 기막히게 정렬돼서 크게 성공한 사람의 교묘한 자기 자랑을 듣고 말 확률이 있기 때문입니다. (중략) 제 대학 생활은 잘 포장해서 이야기해도 길 잃음의 연속이었습니다. 똑똑하면서 건강하고 성실하기까지 한 주위 수많은 친구를 보면서 나 같은 사람은 뭘 하며 살아야 하나 고민했습니다. (중략) 여러 변덕스러운 우연이, 지쳐 버린 타인이, 그리고 누구보다 자신이 자신에게 모질게 굴 수 있으니 마음 단단히 먹기 바랍니다."

허준이 교수는 사람의 인생이 '우연'과 '의지'와 '기질'이라는 세 요소에 의해 좌우되며, 이 삼자가 기막히게 정렬이 되어야 성공할 수 있는 것으로 여기고 있다. 자신의 인생 경험을 통해 그리 느낀 것인데, 실제로 그의 인생 궤적을 보면 자신의 의지로 어찌할 수 없는 우연과 기질에 크게 치인 삶의 역정을 거쳤음을 알 수 있다.

"제 대학 생활은 잘 포장해서 이야기해도 길 잃음의 연속"이라고 했는데, 그의 인생 궤적은 대학 생활 이전에도 길 잃음의 연속이었다. 그는 어린 시절 사립 초등학교에 들어갔는데 적응을 못 해서 동네 초등학교로 전학해야 했다. 고등학교는 시인이 되고 싶다는 꿈을 갖고 1년 만에 자퇴를 해 버렸다. 1년간 국립중앙도서관에서 문학 책을 읽으며 지냈지만 글쓰기 능력의 한계를 느껴서 시인의 꿈도 접었다.

그가 갖은 곡절 끝에 수학을 전공으로 삼은 것은 대학원에 진학하면서부터였는데, 일단 수학을 전공으로 삼으니 박사 과정 1년 차에 수학의 수십 년 난제인 '리드 추측'을 증명함으로써 세계 수학계를 놀라게 하고, 필즈상을 수상하기에 이르렀다.

"누구보다 자신이 자신에게 모질게 굴 수 있으니 마음 단단히 먹기 바란다"라는 그의 말은 자기가 싫어지는 경험을 그가 했음을 보여 준다. 자기가 자기를 몰라주는 서러운 상황에 놓였던 것이다.

어쨌든 그는 "우연과 의지와 기질이 기막히게 정렬돼서 크게 성공"할 수 있었는데, 한 가지 분명한 점은 그가 자신의 팔자로부터 도망치지는 않았다는 것이다. 그리고 "길 잃음의 연속"을 초래했던 그의 독특한 기질이 일단 수학을 전공하자 수학자로서 대성할 수 있는 자질로 발휘되었던 것이다. 그 결과 그는 필즈상 수상이라는 큰 일을 이루었다.

스스로 자신의 말에 합당한 삶의 궤적을 보여 온 그이기에, 그의 말은 여러모로 울림이 있다. "누구보다 자신이 자신에게 모질게 굴 수 있으니" 유의해야 한다. 자신이 자신에게 모질게 굴 때 가장 서럽다. [그림 5]를 보고서 자신의 팔자, 자신의 운명에 하늘의 큰 뜻이 담겨 있음을 느껴야 한다. 그리하면 자신에게 모질게 굴지 않을 수 있다. 사람은 모남이 있어서 비로소 자신의 할 일을 아는 것이다.

성실하게 궁리하되
집착하지 마라

· 낙천 ·

하늘의 도는 가득 찬 것을 이지러뜨리고 겸허한 것을 이롭게 하며
땅의 도는 가득 찬 것을 변하게 하고 겸허한 쪽으로 흐르며
귀신은 가득 찬 것을 해하고 겸허한 것에 복을 주며
사람의 도는 가득 찬 것을 미워하고 겸허한 것을 좋아한다.

天道虧盈而益謙 地道變盈而流謙 鬼神害盈而福謙 人道惡盈而好謙
천도휴영이익겸 지도변영이류겸 귀신해영이복겸 인도오영이호겸

〈단전·겸(謙)괘〉

'간절히 바라면 이루어진다'는 말이 있다. 간절히 바라면 온
우주가 돕는다고 한다. 그런 면이 있다. 하늘은 스스로 돕는 자
를 돕기 때문이다. 하지만 역경이 기록한 하늘의 계시는 반대일

수도 있다고 가르친다. 간절히 바라면 바랄수록 온 우주가 방해한다.

사실 간절한 염원을 간직한 사람이 역경의 주인공이다. 간절한 염원(가고자 하는 바)이 있기에 이를 실현시키고자 불철주야 노력하는 사람이 군자다. 그 노력이 이 세상에 의미 있는 변화를 가져올 수 있기에 역경은 군자를 위한 조언을 담고 있다. 그런데 그 조언은 간절한 염원이 잘못 흘러갈 경우 도리어 반작용을 부를 수 있다고 말하니 유의할 일이다.

서두에서 보는 바와 같이 역경이 가장 싫어하는 것이 가득 차는 것이다. 얼마나 싫어하는지 하늘과 땅과 사람이 모두 싫어하고 미워하며, 귀신까지도 해하고자 한다. 그야말로 온 우주가 나서서 가득 찬 것을 이지러뜨리고 만다는 것이다. 과연 그럴까 싶은데, 이러한 현상은 우리 삶에서 직접 관찰할 수 있다.

양식 있는 집은 먹을 식구가 없고 有粟無人食(유속무인식)
자식 많은 집은 굶주림이 걱정이네. 多男必患飢(다남필환기)
높은 벼슬아치는 영락없이 바보이고 達官必憃愚(달관필용우)
재능 있는 사람은 발휘할 자리가 없네. 才者無所施(재자무소시)
모든 복을 두루 갖춘 집은 드물고 家室少完福(가실소완복)
지극한 도리는 언제나 능멸당하누나. 至道常陵遲(지도상능지)

아비가 아끼면 자식 놈이 매번 탕진하고 翁嗇子每蕩(옹색자
매탕)

아내가 슬기로우면 남편은 어리석네. 婦慧郎必癡(부혜낭필치)

달이 차면 번번이 구름에 가리우고 月滿頻値雲(월만빈치운)

꽃이 피면 바람이 불어 망쳐 버리네. 花開風誤之(화개풍오지)

세상 만물이 끝내는 이와 같으니 物物盡如此(물물진여차)

혼자 웃음에 까닭을 아는 이 없네. 獨笑無人知(독소무인지)

〈혼자 웃다[獨笑]〉, 정약용

다산 정약용의 시 〈혼자 웃다〉는 바로 이러한 현상을 기록한
것이다. 다산은 천지만물, 세상만사가 끝내는 가득 참에 이르지
못하는 현상을 관찰하고서 인상이 깊어 시로 남긴 것이다.

사실 사람들은 이러한 이치를 모두 무의식 중에 알고 있다.
그래서 사람들은 싸울 때 모두 내가 약자라고 자처한다. '아이
고, 나 죽네. 힘 있는 놈이 힘 없는 사람을 팬다'고 호소한다. 그
래야 사람들이 자기 편을 들어 줄 것임을 알기 때문이다. 또한
영화, 드라마를 보면 주인공이 모두 약자로 설정된다. 주인공보
다 훨씬 더 강한 악역이 등장해서 주인공을 괴롭힌다. 제작자들
은 사람들이 무엇을 좋아하는지에 가장 민감한 사람들이다. 이
들은 그렇게 설정해야 시청자들이 약자인 주인공에 감정 이입

한다는 사실을 잘 알고 있다. 가득 찬 쪽은 우주의 도움을 받을 수 없다는 사실을 잘 알고 있는 것이다.

끊임없이 비우고자 하면
끊임없이 채워질 것이다

왜 일이 이렇게 흘러갈까? 이러한 대목이 바로 뻣뻣한 인간의 무릎을 꺾어 겸손하게 만드는 이 세상의 신비인 것이다. 생각해 보자. 이러한 신비의 작용이 없다면, 이 세상은 계산 잘하는 사람, 피도 눈물도 없는 강철의 의지를 가진 사람들이 모두 차지하고 말 것이다. 한 번 승자가 영원한 승자가 되며, 그는 오만함을 보일 것이다. 결국 오만한 승자가 세상을 지배할 것이다. 이러한 세상이 바람직할까?

반대로 운명의 작용은 끝내 오만한 자의 무릎을 꺾어 놓는다. 이렇게 하늘은 늘 강한 자를 무릎 꿇게 만들고 약한 자를 보살피고 있다. 약자를 해치려 드는 하늘은 없는 것이다. 그 결과 이 세상은 늘 돌고 돈다. "시초의 덕은 원을 이루어 신묘하다"라는 것이 이를 말하는 것이다. 결국 하늘의 뜻은 한 치의 오차도 없이 신비를 발하고 있다.

그러므로 간절한 염원이 있는 사람은 그 염원이 잘못 흘러 가득 찬 것이 되지 않도록 주의해야 한다. '이걸 이루지 못하면 내 인생은 의미가 없다'는 태도는 아주 위험하다. 바로 간절히 바라는 그 염원 하나로 가득 찬 것이다. 이는 간절히 바라는 것이 아니라 집착으로 가득 찬 것이다. 온통 집착하는 것이 과연 이루어질까? 온 우주가 미워하고 방해한다는 것이 역경의 조언이다.

그렇다면 어찌 해야 하나? 낙천(樂天)이 중요한 이유가 바로 이 때문이다. 무언가 하늘의 뜻이 있을 것이다. 지금 벌어지는 일에는 나의 이해를 넘어선 하늘의 뜻이 있을 것이다. 군자는 이러한 하늘의 뜻을 즐길 수 있어야 한다.

앞서 오십은 가고자 하는 바가 있어야 한다고 했다. 가고자하는 바가 있는 오십은 뜻을 이루고자 주변에 휩쓸리지 않은 채 열심히 노력할 것이다. 이러한 그의 고집과 노력을 통해 분명 무언가가 이루어질 것이다. 단, 내가 아닌 하늘이 바라는 바가 이루어질 것이다. 나의 노력으로 하늘의 뜻을 반영한 무언가가 이루어질 것이며, 이보다 기쁜 일이 없는 것이다. 이러한 태도가 하늘을 즐기고, 하늘을 낙으로 삼는 낙천이다.

이 같은 낙천은 소극적인 조언이 아니다. 나를 비우면 뜻을 이루는 시기가 빨라질 것이다. 끊임없이 나를 비우면 이제 온 우주가 그것을 채워 주려 하기 때문이다. 하늘과 땅과 사람이 모두 겸허한 것(비어 있는 것)을 좋아해서 유익을 주며, 귀신까지도 복을 준다고 하지 않는가.

또한 이러한 낙천의 태도는 인생의 여행길에서 더없이 필요한 것이기도 하다. 사람은 누구나 [그림 7]과 같이 자신에게 부여된 하나의 괘(나에게 새겨진 결, 기질)에서 출발하여 이 세상

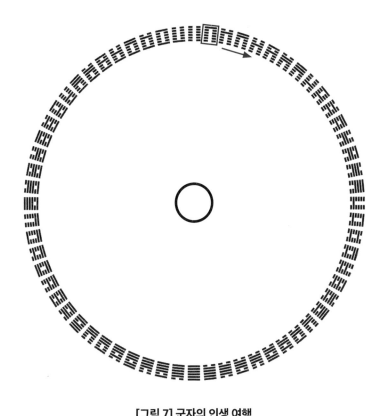

[그림 7] 군자의 인생 여행

여행을 나서게 된다.

길을 가는 동안 사람은 다른 괘라는 연(緣)을 만나게 된다. 흔히 '인연'이라 말하는데 연이 맞는 표현이다. 여기서 다른 괘는 사람이자 그를 연으로 해서 펼쳐지는 사건이다.

사람이 인생길을 가는 동안 다른 괘를 만난다는 것은 신비한 수수께끼와 마주치는 것이다. 스핑크스는 자기 앞을 지나가려는 사람에게 수수께끼를 던진다. 이 질문에 보다 우월한 지혜로 대답할 수 있어야 한다. 보다 우월한 지혜로 수수께끼를 푸는데 성공했을 때 사람은 해당 괘로 상징되는 새로운 도를 터득한 것이다. 이때 사람은 그동안 자신을 가두어 온 눈에 보이지 않는 한계를 넘어서게 된다. 그는 이전에는 상상하지 못했던 보다 높은 존재 질서를 허가받아 살게 된다. '도를 깨친다는 것', '도통했다'는 말은 이를 의미하는 것이다.

내 인생을 펼치려면
계속해서 부딪혀야 한다

이쯤에서 역경이 가르치는 삶의 비밀을 한 가지 말씀드리고자 한다. 삶에서 모든 좋은 것은 길을 가는 도중에 발생한다. 가고자 하는 바가 있을 때 군자는 길을 나선다. 그리고 이 길 위에서 삶의 의미가 펼쳐진다. 가고자 하는 바에서 의미가 생겨나기 때문이다. 그리하여 모든 좋은 일이 길 위에서 벌어지는 것이다. 그래서 진리를 '길'이라는 뜻의 도(道)라 말하는 것이다.

[그림 7]에서 군자가 인생 여행을 하는 동안 마주치는 괘 하나하나가 도요, 길이다. 그 길을 걸어서 답파할 때마다 하나씩 새로운 도를 터득할 수 있다. 인생의 여행길에서 마주할 수 있는 길에는 64가지가 있고, 터득해야 하는 도에도 64가지가 있는 것이다.

사람의 팔자는 여러 가지로 말할 수 있는데, 자신에게 부여된 '괘'와 인생길에서 마주치는 '연', 이 둘을 합친 것이 사람의 팔자를 이룬다. [그림 7]에서 사람마다 출발점으로 부여된 괘가 다르고, 길을 가는 동안 서로 다른 연을 만나기 때문에 사람마다 각기 다른 팔자가 펼쳐진다.

이처럼 인생길에서 연으로 마주치는 다른 사람은 나와 다른 결을 지녔기 때문에 신비로운 수수께끼로 다가온다. 그 역시 하늘의 대리자이므로 마냥 내 뜻에 따라 움직여 주지 않는다. 하지만 그들은 나를 방해하러 온 것이 아니라 나를 돕기 위해 온 것이다.

이렇게 생각해 보자. 사람이 거울 속의 자기 모습을 뚫어지게

들여다보고 있으면 자기를 더 잘 알게 될까? 그래서는 도리어 자신을 온전히 알기 어렵다. 그보다는 나와 다른 남과 부딪히면서 남과 다른 나의 특성을 이해하게 되고 그때 비로소 진정한 자기를 알게 된다.

또 다른 측면에서 보면 '나'는 고정된 존재가 아니다. 한자로 자기 기(己)는 줄이 굽어 있는 모습을 형상화한 글자다. 이는 자기[己]가 펼쳐 일으켜져야 하는 존재임을 뜻한다. 최초의 자기는 출발점으로 주어진 것일 뿐 우리 모두는 향후 그 잠재력과 가능성을 제대로 펼쳐 나가야 하는 존재인 것이다. 이처럼 굽어 있는 잠재력을 제대로 펼쳐 나가는 것이 '자기실현'이다. 참고로 흔히 '자아실현'이라고 쓰는데, 자아는 '에고(ego)'에 해당하므로 이는 잘못된 표현이다.

그런데 사람이 나와 다른 타인으로부터 자극을 받지 못하면, 기존의 자기 한계에 갇히게 된다. 이런 상태에서는 자기에게 주어진 가능성이 무엇인지 알지조차 못한다. 사람이 이러한 자기 한계를 넘어 성장함으로써 자신의 잠재력과 가능성을 제대로 펼칠 수 있도록 끌어 주는 것이 타인과의 연이다.

이와 관련하여 역경은 다음과 같이 가르친다.

이치를 궁구해서 성(性)을 다함으로써 명(命)에 이르는 것이다.

窮理盡性以至於命

〈설괘전〉 1장

여기서 "성을 다한다"는 앞서 [그림 3-①] 하늘이 내게 부여한 성(性)에서 비롯하는 나의 성질(性質, 기질), 특성(特性), 가능성(可能性) 등을 다 펼치는 것을 말한다. 역경은 이처럼 각자에게 부여된 성질·특성·가능성을 다 펼침으로써 명(命)에 이르는 것이 사람의 인생이라 말한다.

그리고 이처럼 자신에게 부여된 특성과 가능성을 다 펼치기 위해서는 이치를 궁구하는 궁리(窮理)를 해야 한다고 말한다. 결국 사람은 열심히 궁리를 해야 자신에게 부여된 가능성을 다 펼칠 수 있다는 것인데, 이때 궁리의 대상은 [그림 기의 인생 여행 과정에서 마주치는 연을 통해 나에게 벌어지는 온갖 사건들이다. 달리 말하면 내 뜻대로 되지 않는, 우리의 삶을 휘둘러 대는 변덕스러운 우연들, 즉 흉운이다. 결국 역경은 우리가 삶을 통해 마주치는 흉운을 달리 볼 것을 촉구한다.

그리고 보면 우리가 인생길에서 우연히 마주치는 사람, 사건들은 얼마나 다채로운가? 이들은 마냥 내 뜻대로 되지 않는다. 하지만 그 때문에 우리는 열심히 궁리를 하게 된다. 하늘이 나에게 신비의 수수께끼를 풀라고 촉구하는 것이다.

그 수수께끼를 하나씩 풀어 갈 때마다 나는 새로운 도를 하나씩 깨치게 된다. 이를 통해 이 세상의 신비를 하나씩 알아 가는 것이며, 동시에 나를 알아 가는 것이다. 내가 무엇이 가능한지 나의 특성과 가능성을 알아 가는 것이다. 그 결과 이전에는 알지 못했던 놀라운 '나'를 발견하게 될 것이다.

[그림 7]의 둘레길을 일주하여 64가지 도를 모두 터득하면 이 세상과 자기의 신비를 다 알게 된다. 내 안에 우주가 다 담겨 있기 때문에 나를 온전히 안다는 것은 그만큼 어려운 것이다.

나에게 부여된 천명이 무엇인지는 여러 가지로 생각해 볼 수 있는데, 자기의 특성과 가능성이 지닌 잠재력을 실현하라는 것 또한 천명이다. 굽어 있는 자기[己] 잠재력을 제대로 펼쳐 나가는 것이 자기실현이며, 그렇게 굽어 있는 자기를 펼쳐 일으켜 멋진 작품을 완성해 보라는 것이 내게 부여된 천명이다.

그 과정에서 연을 통해 나에게 일어나는 우연적인 사건들은 나에게 궁리의 기회를 제공하는 것이다. 사실 우리의 삶 자체가 이치를 궁구하는 궁리의 과정으로 주어진 것이다. 우리가 삶에서 마주치는 모든 연은 공부하고 연구하고 실험 실습하는 기회를 나에게 제공하는 것이다. 이렇게 해서 이치를 깨쳤다면, 나 자신이 그 진리에 합당한 존재가 되기 위한 수련(修練)을 쌓아야 한다. 이렇게 수련을 쌓는 것까지가 이치를 궁구하는 궁리에 포함된다.

결국 이 세상은 나의 성장을 위한 공부와 수련의 장을 제공한다. 이를 통해 나는 기존 한계를 넘어 성장함으로써 나의 모든 가능성을 제대로 펼칠 수 있게 된다. 이 세상은 또한 나의 가능성을 펼칠 수 있는 장을 제공하는 것이니, 나는 공부와 수련을 쌓은 결과보다 멋진 창조를 이루어 하늘의 대업에 기여하는 것이다.

우리 각자는 이 세상과 우주의 중심이다. 님은 우주의 중심이다. 동·서·남·북, 오른쪽·왼쪽이 모두 중심축인 님을 기준으로 결정되고 있다. 우주는 님을 중심으로 돌고 있는 것이다. 나의 우주는 중심인 나와 내가 관계를 맺은 연(사람·사건·사물)으로 구성된다. 내가 연을 맺은 타인은 나를 찾아와 나의 우주를 이루어 준 소중한 존재들이다. 그들이 없다면 나의 우주는 얼마나 삭막할 것인가?

천명은 무엇인가? 나의 우주를 이루어 준 나의 연들을 통해 하늘이 내게 비친 뜻이 나의 천명이다. 나의 천명은 나의 연들을 통해 내게 찾아오는 것이다. 나는 매일 새로운 사건과 마주친다. 그에 따라 나의 천명도 매일 조금씩 달라진다. 그러므로 사실 우리 인생에서 무엇도 잘못되지 않는다. 나에게 어떤 일이 일어난다면 그에 합당한 새로운 천명이 나에게 제시되는 것이다. 귀천하는 날까지 부지런히 길을 걸어가면 그것으로 완성되는 것이 나의 천명이라고 할 수 있다.

내가 맺은 연들은 각기 하늘의 대리자이므로 내 뜻대로 좌우할 수 있는 존재가 아니다. 그러므로 군자는 낙천해야 하고, 또 낙천할 수 있다. 지금 당장 나에게 벌어지는 일을 이해할 수 없더라도 무언가 나의 이해를 넘어선 하늘의 뜻이 있을 것이다. 열심히 노력하면 무언가 하늘이 바라는 일이 이루어질 것이다.

이러한 낙천의 지혜를 깨칠 때 오십은 비로소 비상할 수 있다. 날아야 할 용이 하늘에 오르게 되는 것이다.

오십은 용이 비로소 하늘에 오를 때다

· 오십 ·

양 기운이 다섯에 이르니,
날아야 할 용이 비로소 하늘에 오른 상이로다.
대인을 만나야 이로우리라.

九五 飛龍在天 利見大人
구오 비룡재천 이견대인

〈건(乾)괘〉 5효사

삶의 모든 양상을 포괄하는 역경은 나이 오십을 직접 거론하
는 계시 역시 담고 있다. 서두의 〈건괘〉 5효사가 그것인데, 여
기서 "양 기운이 다섯에 이르렀다"는 말이 바로 사람이 오십 대
에 이르렀다는 뜻이다. 그리고 나서 나이 오십을 "날아야 할 용

이 비로소 하늘에 오른 상"이라 규정한다. 이는 우선 사람을 '용'이라 말하고 있다. 그것도 마땅히 날아올라야 할 용이다. 사람이 나이 오십이 되었을 때 비로소 용이 하늘에 오르게 된다는 것이다.

그 의미는 오십 이전은 아직 용이 땅 위를 기어다니는 삶을 사는 것이고, 오십 이후에야 비로소 하늘을 훨훨 날아다니는 진정한 용의 삶을 살게 된다는 것이다. 결국 오십 이전은 아직 용의 온전한 삶이 아니라고 한다. 어째서 그럴까?

기어다니는 삶에서
날아다니는 삶으로

역경은 이십 대를 배움의 시기로 규정한다. 아직 미숙하기 때문에 남에게 배워야 하는 시기인 것이다. 삼십 대와 사십 대는 세파에 맞서 자신의 인생 항로를 개척하기 위해 고군분투하는 시기다. 64갈래 384굽이 미로 속에서 제 갈 길을 찾기 위해 고군분투해야 하는 것이다. 달리 말하면 제 앞가림하기에 바쁜 시기이므로 세상 전체를 조망하지는 못한다.

결국 이십 대부터 사십 대까지 사람은 미로와 같은 이 세상을 아직 잘 모른다. 이십 대는 자기 자신을 잘 모르고, 삼십 대는 다른 사람을 아직 잘 모른다. 사십 대에 이르면 세상 보는 눈이 조금 트이지만 아직이다. 그러므로 사람은 젊은 시절에 자꾸 운과 자기 기질에 치이는 것이다. 당황스러운 표정으로 어쩔 줄 몰라 서 있고는 한다. 그러다가 그 젊은 날의 열병이 여러 겹의 나이테를 남기고 지나갔을 때 비로소 오십이라는 원숙기에 이르는 것이다.

오십에 이른 이는 이제 자기 인생 전체를 조망할 수 있게 된다. 오십이 하늘에 올랐다는 말이 이를 뜻하는 것이다. 이전까지 살아왔던 땅의 세상을 내려다보며 전체를 조망할 수 있음을 뜻한다. 그에 따라 자신의 기질을 넘어 스스로를 객관화하는 것이 가능하고, 더 이상 운에 치이지도 않는다. 변덕스러운 우연에 휘둘리지 않으며 그 고삐를 틀어쥐고 주인의 삶을 사는 것이다. 이처럼 사람은 오십에 이르러서야 진정한 자신의 삶을 살게되는 것이다. 날아야 할 용이 비로소 하늘에 올랐다는 것은 이를 뜻하는 말이다.

오십에게 이와 같은 안목이 생기는 이유는 우선 이십 대부터 사십 대까지 쌓은 인생의 축적이 있기 때문이다. 이러한 안목은 단기간에 습득할 수 있는 지식과는 다른 것이기에 절대적인 시간이 필요하다. 그러므로 사람이 오십에 이르렀을 때 비로소 자기 인생을 조망할 수 있다.

또 하나는 죽음의 문제와 관련이 있다. 삶을 제대로 알려면 그와 대대인 죽음을 알지 않으면 안 되기 때문이다. 역경은 대대에 놓인 두 가지가 있을 때 둘 다를 이해해야 전체를 이해할 수 있다고 한다. 이를 삶과 죽음의 문제에 적용하면 삶에 대해 알고자 할 때 삶에만 집중해서는 삶의 전모를 옳게 파악할 수 없다. 죽음과 대비해서 볼 때라야 삶의 문제가 보다 선명해져서 그 전모를 파악할 수 있는 것이다.

사람이 나이 오십쯤 되면 가까운 이들의 죽음을 접하게 된다. 본인도 신체 기능이 떨어지면서 몸에 힘이 빠지고 건강도 나빠진다. 각종 질환을 앓기도 하면서 자신의 죽음도 시야에 들어온다. 이처럼 죽음이 눈에 들어오기 시작하면 비로소 삶의 문제가 제대로 이해되기 시작한다.

예를 들어 사람의 인생에서 물질의 비중이 작은 것임을 느끼는 것도 오십쯤 되어서다. 사람은 자신의 몸이 썩어 없어질 것임을 느낄 때 물질이 썩어 없어질 것임을 느낀다. 써 버리면 없어지고 마는 것이 물질이고, 쓰지 않으면 썩어 없어지고 마는 것이 물질이지만, 이 물질이 작은 것임을 느끼는 것은 삼십 대와 사십 대에는 아직 무리라고 본다.

앞서 말한 낙천의 태도 역시 물질이 작은 것임을 깨닫지 못하면 쉽지 않다. 그에 따라 젊은 시절에는 낙천의 자세를 갖는 것이 쉽지 않다. 그래서 공자가 나이 오십에 이르러서야 비로소 '지천명(知天命)'이라고 말한 것이다. 물질이 작은 것임을 느낄 때 사람은 비로소 자신의 천명이 무엇인지 올바로 이해할 수 있다. 물질에 대한 집착을 버리고, 하늘이 자신에게 바라는 바를 행하고자 하는 것이다.

역경이 나이 오십에 이르러 "비로소 하늘에 오른 상"이라는 것은 오십에 이르러 비로소 사람이 하늘의 대리인으로서 하늘의 일을 하고자 한다는 뜻이기도 하다. 그리고 이때라야 사람은 큰일을 해낼 수 있다.

성인이 일을 이룸에 능한 것은 사람들이 도모하고 귀신이 도모하며 백성이 더불어서 해내는 것이다.

聖人成能 人謀鬼謀 百姓與能

〈계사하전〉 12장

진정으로 하늘이 자신에게 바라는 바를 행하고자 한다면 사람은 누구나 성인이 해낸 일을 해낼 수 있다. 성인이 큰일을 해낸 비결이 바로 그것이기 때문이다. 님이 하려는 일이 진실로 하늘이 바라는 일이라면 다른 사람들이 그 일을 같이 도모하고 귀신이 같이 도모해 준다. 귀신이 해하려 드는 것이 아니라 님을 돕는다. 그리하여 갑자기 무언가 하늘에서 뚝 떨어져서 님을 돕는 기적이 일어나는 것이다. 님이 진정 천명의 길로 나아간다면, 그 길을 걸어가는 동안 마치 태초부터 님을 돕기 위해 그곳에서 기다려 온 듯한 사람들을 만날 것이다.

황금기이자 절정기의 오십이 받아들여야 하는 것

이렇게 오십에 이르러 하늘에 오른 사람은 그 이전에는 상상할 수 없었던 큰일을 해낼 수 있다. 역경이 바라보는 사람의 나이 오십은 인생의 절정기이자 황금기인 것이다. 하지만 오십 대치고 불안과 고민이 없는 사람을 찾아보기도 어렵다. 왜 그럴까?

이는 대자연의 이치 때문에 그러하다. 식물을 키워 본 사람은 안다. 초목에 꽃이 피고 열매를 맺는 황금기는 동시에 전환기이며 불안의 시기이기도 하다. 초목에 힘이 빠지는 시기에 초목은 꽃을 피우고 열매를 맺으며 절정기를 맞이하는 것이다.

사람의 오십 대 역시 이와 유사하게 불안의 시기이면서 동시에 절정기라는 복합 성격을 띤다. 그 불안이 어서 결실을 맺도록 촉진하는 역할을 하기 때문에 불안기와 절정기가 함께 찾아오는 것이 대자연의 이치인 것이다.

 앞서 살펴보았듯이 오십에 이르면 신체 기능이 떨어지면서 몸에 힘이 빠지고 건강도 나빠진다. 자신의 죽음이 시야에 들어오는 시기다. 사람의 나이 오십은 몸에도, 마음에도 많은 변화가 일어나는 전환기에 해당한다. 이 때문에 중년의 위기가 찾아오며, 불안정함·불안감을 느끼는 것은 자연스러운 일이라고 할 수 있다. 이러한 오십의 위기와 오십 이후의 삶에 대해서는 다음 장에서 살펴보기로 하고, 여기서는 그로 인해 다른 사람을 받아들이게 된다는 사실을 말하고 싶다.

 무릇 배우는 사람은 그 스스로 많이 하려 드는 것을 덜어내어[損] 허(虛, 비어 있음)로써 다른 사람을 받아들여야 한다. 그리하면 능히 널리 가득 채울 수 있을 것이다. 하늘의 도는 완성되면 필히 변하는 것이니, 무릇 가득 참을 직접 지니면서 오래간 자는 지금까지 없었다. … 그 차고 빔을 조절하여 자기 스스로 가득 채우려 하지 않아야 능히 오래갈 수 있는 것이다.

夫學者損其自多 以虛受人 故能成其滿博也 天道成而必變
凡持滿而能久者 未嘗有也 … 調其盈虛 不令自滿 所以能久也

《공자가어·육본》 8장

이 글은 공자가 주역의 손(損)괘와 익(益)괘를 풀이한 것이다. 스스로 많이 하려 드는 것을 덜어내어 허(虛, 비어 있음)로써 다른 사람을 받아들인다면 능히 널리 가득 채울 수 있고 또 오래갈 수 있다고 말한다.

인생의 절정에 이른 오십에게 불안이 찾아오는 이유 중 하나는 그로 인해 겸허하게 만들어 다른 사람을 받아들이도록 하기 위함이다. 쉽지 않은 일을 가능하게 만드는 천지의 오묘한 조화다. 역경이 서두에서 오십에게 대인을 만나야 이로울 것이라 조언하는 취지도 같은 것이다. 진정 큰일을 하려면 다른 사람을 받아들이지 않으면 안 되기 때문이다.

'위편삼절(韋編三絕)'의 고사를 남길 만큼 역경을 읽고 또 읽었던 공자는 손괘와 익괘를 읽을 때마다 늘 감탄했는데, 제자인 자하가 그 이유를 묻자 이렇게 답했다.

무릇 스스로 덜어내는 자는 필히 더하게 될 것이고, 스스로 더하려는 자는 필히 무너지게 될 것이다. 이 때문에 감탄하는 것이다.

夫自損者必有益之 自益者必有決之 吾是以歎也

《공자가어·육본》 8장

공자의 이러한 말들은 그대로 오십을 위한 조언이라고 할 수 있다.

그러므로 사람이 나이가 오십에 이르렀는데도 독불장군이라면 곤란하다. 그래서는 결코 오십의 소임을 다하지 못한다. 그에게는 단 한 사람이라도 대인이 있어야 한다. 대인이란 군자와 동급인 사람을 말한다. 오십에 이른 사람에게 자기와 동급으로 인정하는 사람이 있다는 것은 그가 독불장군의 아집에 빠지지 않았음을 보여 주는 것이다. 그러한 대인이 기꺼이 님을 돕는다면 님은 잘못된 길에 빠지지 않은 것이며, 그때라야 대업이 가능한 것이다.

앞서 낙천의 지혜를 깨칠 때 오십이 비로소 비상할 수 있다고 말한 이유는 이 때문이다. 낙천하는 태도를 지닌 사람은 기꺼이 비어 있음으로써 다른 사람을 받아들이는 것이다.

낙천하는 사람은 가고자 하는 바가 있지만 그 염원에 집착하지는 않는다. 그 염원이 아직 이루어지지 않고 있다면 무언가 하늘의 뜻이 있을 것이라 생각한다. 하지만 이처럼 집착하지 않는 그의 태도, 하늘을 즐기는 태도가 도리어 능히 큰일을 이루어 낸다. 앞에서 소개한 〈계사하전〉 12장에서의 성인이 대업을 이루는 비결이 바로 이것이기 때문이다.

이러한 낙천의 경지는 예술의 경지라고 할 수 있다. 흔히 골프에 대해 '힘 빼는 데 3년, 힘 주는 데 3년' 걸린다고 한다. 어디 골프만 그러한가. 모든 구기 종목이 다 그렇고, 세상만사가 다 그러하다. 너무 어깨에 힘이 들어가 있으면 도리어 일이 되지를 않는 것이다.

골프의 경우는 힘 빼는 데 3년, 힘 주는 데 3년인데, 인생의 일에서는 그와 같은 경지에 오르는 데 시간이 더 걸리는 것 같다. 그래서 오십은 되어야 그러한 경지에 오르는 것 같으며, 그래서 오십이 인생의 절정기요, 황금기인 듯하다.

제2장

불변은 만변을 두려워하지 않는다

오십의 성찰

❈

넘치는 마음은
반드시 후회를 부른다

· 과욕 ·

극상의 자리에까지 양 기운이 이르니, 항룡의 상이로다.
후회가 있으리라.

上九 亢龍 有悔
상구 항룡 유회

〈건(乾)괘〉 6효사

이 〈건괘〉 6효사 구절은 앞 장 〈건괘〉 5효사 바로 다음에 이
어지는 구절이다. 여기서 "극상의 자리에까지 양 기운이 이르렀
다"는 용이 너무 높은 곳까지 올라갔다는 말이다. 앞서 5효사에
서 날아야 할 용이 이미 하늘에 올랐는데도 거기에 만족하지 못

하고 한 단계 더 높은 곳까지 올라갔다는 뜻이다. 항룡은 이렇게 해서 올라가지 말아야 할 높이까지 올라간 용을 가리킨다.

하늘에 오르기 전 땅 위를 기어다닐 때는 하늘에 올라 비룡(飛龍, 하늘을 나는 용)의 삶을 살 수만 있다면 더 바랄 것이 없으리라 생각했다. 그런데 막상 하늘에 오르고 나니 이제는 더 높은 곳까지 오르고 싶은 욕심이 발동하는 것이다. 결국 그 욕심으로 인해 한 단계 더 높은 곳까지 올라간 용, 극상의 자리에까지 올라간 용이 항룡이다. 역경은 항룡에게는 후회가 따를 것이라 경고하고 있다.

오십 대를 위험에
빠트리는 단 한 가지

항룡은 쉽게 말해 과욕을 부린 용이다. 용의 잠재력은 앞서 5효사의 비룡 단계에서 모두 발휘되었다. [그림 8]에서 ①은 자신의 잠재력이 실현된 비룡의 삶에 만족하고 자족하는 삶을 누리는 용의 궤적이다. 오십 대만이 아니라 이후로도 쭉 하늘을 나는 용의 삶을 누릴 수 있다. 반면 ②는 비룡의 삶에도 만족하지 못하고 더 높은 곳으로 올라가다가 추락하고 마는 항룡의 궤적이다.

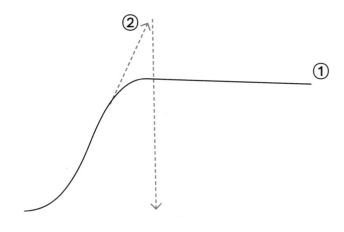

[그림 8] 항룡의 추락

이러한 항룡의 과욕이 바로 하늘과 땅과 사람이 모두 미워하는 '가득 참'에 해당한다. 높이 오르고자 하는 욕심 하나로 가득 찬 것이다. 귀신까지도 해하고자 하는 것이 가득 참이니, 우리가 속한 우주는 ②와 같은 항룡의 과욕을 용납하지 않고 반드시 응징하고 만다.

그러므로 사람이 나이 오십에 이르면 80 대 20의 법칙을 명심하면 좋다. 80 대 20의 법칙은 우주의 기본 법칙이다. 인생에서는 무엇이건 80%를 가지면 좋은 것이며, 사람이 나이 오십에 이르러 원하는 것의 80%쯤을 가졌다면 만족스러운 것이다. 이에 만족하지 못하고 나머지 20%를 가득 채우려 드는 것이 [그림 8]에서 ②의 궤적이다. 이는 하늘과 땅과 사람, 귀신까지도

합세해서 끌어내리고 마는 것이니, 항룡의 추락을 피할 수 없는 것이다.

역경이 5효사의 비룡에 이어 곧바로 6효사에서 항룡의 위험성을 경고하는 것은 이와 같은 항룡의 추락 위험이 인생의 절정기에 이른 오십 대가 빠질 수 있는 가장 큰 위험이라는 의미다. 오십 대에 팔자가 꼬일 수 있는 가장 큰 위험 요소가 바로 이것이다.

그러고 보면 인생에서 오십 대는 이십 대의 방황과 삼십, 사십 대의 치열함을 거친 끝에 도달하는 안정기라고 할 수 있다. 삼십, 사십 대와 같은 상황은 아닐 것이며, 대체로 어떤 식으로든 삶이 안정된다. 그러므로 오십 대가 자족하는 삶을 산다면 좀처럼 큰 불행이 닥칠 일은 없다. 만약 사람이 오십 대에 이르고 나서 큰 불행이 닥쳤다면 이는 십중팔구 역경의 경고를 무시하고 ②번 항룡의 궤적을 따라갔기 때문일 것이다.

예를 들어 삼십 대와 사십 대에는 안정적으로 먹고살 수만 있으면 더 이상 욕심을 내지 않을 것이라 흔히 말한다. 하지만 말이 쉬운 것이다. 그 목표를 달성하고 나면 더 욕심이 난다. 일단 먹고살 만하자 이제는 부자가 되어 위세를 떨치며 살고 싶어진다. 무리한 투자 내지 투기를 벌이다 추락하고 만다. 이와 같은 스토리를 주변에서 언제나 보고 있지 않을까?

만약 재벌이 되면 만족할 수 있을까? 재벌의 기준은 대그룹 순위 30위 내에 드는 것이라 흔히 '30대 재벌'로 불리는데, 언론 기사를 찾아보면 과거의 30대 재벌 중 태반이 더 높은 곳을 향한 과욕을 부리다 추락해서 사라지거나 주인이 바뀌었음을 확인할 수 있다.

멈춰야 할 때
멈출 수 있어야 한다

사적인 삶이나 공적인 경력에서 대단한 불행을 겪은 사람들 대다수가 어떻게 행동했는지 주의 깊게 생각해 보라. 그들에 대해 당신이 읽었거나 전해 들은 내용이든, 당신의 기억 속에 남아 있는 사람들이든 그들 모두에 대해서 말이다. 그들 가운데 절대다수가 겪은 불행은 형편이 좋았을 때, 다시 말해 가만히 앉아 자족했더라면 그저 좋았던 때를 그들이 몰랐기 때문에 생겨났다는 사실이 드러날 것이다.

《도덕감정론》 3부 3장

이상은 경제학의 창시자인 애덤 스미스가 관찰한 결과다. 인간 세상에서 벌어지는 경제 현상을 주의 깊게 살폈던 그 역시 불행한 사람들의 대다수는 성취 자체가 부족한 것이 아니라 과욕을 부린 사람이라는 결론에 도달했다. 즉 5단계 비룡에서 멈추어 자족했더라면 좋았을 것을 한 단계 더 높은 곳까지 올라서려고 과욕을 부렸기 때문에 불행에 빠졌다는 것이다.

필요한 것은 사실상 다 이루었음에도 적절할 때 멈추지 못한 사람들은 마지막 하나를 더 욕심내다가 추락하고 만다. 하늘의 계시를 기록한 역경에서 5단계의 비룡에 뒤이어 6단계로 항룡의 단계가 있다는 것은 상당수의 사람이 결국 6단계까지 가고 만다는 뜻이다. 왜냐하면 사람의 육체와 이 세상이 본디 그렇게 설계되었기 때문이다.

지상 세계는 하늘의 경우와 달리 어느 곳이나 활활 타오르고 있다. 일찍이 석가모니는 지상에서 눈을 두는 곳 어디나 활활 타오르는 모습을 볼 수 있다고 말씀하셨다. 석가모니는 해탈한다는 것이 어떤 상태인지 여러 가지 비유를 들어 말씀하시곤 했는데, 그중 하나가 내 안에 타오르는 이러한 불길을 끈 상태다.

순수한 하늘의 기운은 양과 음이 2 대 2로 균형을 이루지만, 지상 세계에서는 양과 음이 3 대 2로 불균형을 이루고 있어서 이를 '삼양이음(三陽二陰)'이라고 부른다. 이는 인간도 음과 양이 조화롭지 못하고, 삼양이음으로 양 기운에 치우친 존재라는 말이다.

사람의 육체가 이처럼 양 기운에 치우쳐 설계된 이유는 우리 인간에게 희망과 의욕을 주기 위함이다. 그 때문에 인간은 절망에 빠져도 희망을 부여잡고 다시 일어설 수 있다. 이처럼 긍정적인 작용을 위해 부여된 것이지만 동시에 부정적인 측면도 따른다. 과다한 양 기운이 항상 우리에게 영향을 미치기 때문에 의욕이 조금만 지나치면 과욕이 되고 탐욕이 된다. 인간이 쉽사리 탐욕에 빠지고 마는 것은 바로 이 때문이다.

구조 자체가 이러하니 미리 알고 조심할 일이다. 오십이 되었다면 항룡에 후회가 따름을 잊지 말아야 한다.

음과 양이 순환해야
좋은 일들이 이어진다

· 리듬 ·

한 번은 음이었다 한 번은 양이었다 하는 것을 도(道)라 이르니,
이으려는 것은 선(善)이고, 이루려는 것은 성(性)이다.

一陰一陽之謂道 繼之者善也 成之者性也
일음일양지위도 계지자선야 성지자성야

〈계사상전〉 5장

역경은 도(道)가 한 번은 음이었다 한 번은 양이었다 하는 식
으로 전개된다고 말한다. 이를 그림으로 표현하면 [그림 9]와
같다.

여기에서 그래프가 상승하는 것이 양의 흐름이고 하강하는

것이 음의 흐름이다. 이처럼 세상 만물이 전개될 때는 예외없이 음 기운과 양 기운이 서로 갈마들며 전개된다는 것이 역경의 가르침이다.

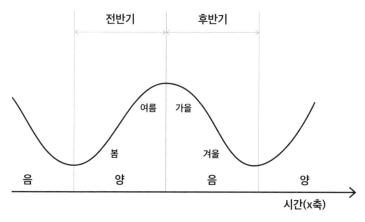

[그림 9] 도의 전개 방식

세상 만물을 지배하는
춘하추동의 섭리

또한 점인들은 여기에 봄, 여름, 가을, 겨울, 즉 춘하추동의 흐름을 배속했다. 계절에만 춘하추동이 있는 것이 아니라 세상 만물은 모두 춘하추동의 흐름을 타며 전개된다고 했다. 1년만이 아니라 하루에도 춘하추동이 있고, 사람의 한평생도 춘하추동을 이루며, 크게는 한 나라의 운세도 춘하추동을 이루는 것이다. 이러한 계시가 정확하다는 사실이 현대에 와서 입증되고 있다.

현대의 경제학에서는 모든 경제 현상이 [그림 9]와 같은 반복 순환을 보인다는 것이 상식으로 받아들여진다. 가장 긴 순환 파동(대략 60년 주기)을 '콘드라티예프 파동'이라 부르는데, 이를 발견한 러시아의 경제학자 콘드라티예프는 파동의 각 단계에 봄, 여름, 가을, 겨울이라 이름 붙임으로써 은나라 점인들이 상고 시대에 받은 계시가 정확한 것임을 입증했다.

예일대학교 임상심리학과 교수 대니얼 레빈슨은 일군의 연구자를 이끌고서 10년의 연구를 수행한 끝에, 그 결과를《남자가 겪는 인생의 사계절》이란 책으로 발표한 바도 있다. 그 내용 역시 사람의 일생이 봄, 여름, 가을, 겨울의 단계를 거친다는 것이다.

그렇다면 어째서 이처럼 세상 만물이 예외 없이 한 번은 음이었다 한 번은 양이었다 오르락내리락하는 순환을 반복하며 전개될까?

전반생은 외면이 자라고
후반생은 내면이 자란다

세상 만물이 양의 흐름에 놓였을 때는 외형이 빠르게 성장하면서 화려해진다. 봄과 여름에 나무가 빠르게 자라면서 잔가지와 이파리가 무성해지고 화려하게 꽃을 피우는 모습을 연상하면 이해하기 쉽다. 반면 만물이 음의 흐름에 놓였을 때는 외형이 위축되며 볼품 없어진다. 가을·겨울에 나무가 이파리를 모두 떨구고 가지만 앙상한 모습을 연상하면 된다.

이때 우리가 외형의 변화에만 눈을 둔다면 중요한 핵심을 놓치게 된다. 음의 시기에는 존재의 내면이 성장한다. [그림 10]의 점선 그래프와 같이 눈에 보이지 않는 존재의 내면이 성장하는

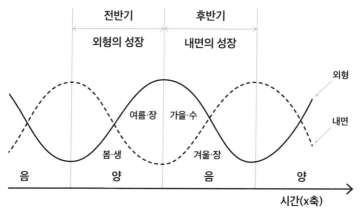

[그림 10] 사람의 전반생과 후반생

시기가 가을·겨울이며 음의 시기다.

존재가 빠른 외형 성장을 이루는 전반기 동안 존재의 내면은 계속 고갈된다. 만약 존재가 이 상태로 계속 외형의 성장만을 고집한다면 내면은 텅 빈 채로 공허한 확장이 지속될 것이다. 그러다가 결국 견디지 못하고 붕괴하게 된다.

만약 나무가 음의 흐름인 가을로 넘어가지 않고 양의 흐름인 여름만 계속된다면 열매를 맺지 못하고 계속 웃자라기만 할 것이다. 나무가 성장을 멈추고 외형이 위축될 때라야 열매를 맺는다는 것은 과수업을 하는 분들에게 상식이다. 겨울의 추위에 식물의 종자는 단단하게 여물고 이듬해 봄이 왔을 때 힘차게 발아할 수 있다. 겨울이 춥지 않으면 봄 농사를 망치게 된다는 것 역시 농부의 상식이다.

자본주의 경제의 춘하추동 순환을 관찰한 공산주의 러시아의 경제학자 콘드라티예프는 자본주의 사회가 가을·겨울의 시기를 거침으로써 봄·여름 고도 성장기에 나타난 여러 사회 모순을 해결한다는 사실에 크게 주목했다. 이는 [그림 10]에서 외형의 고도 성장기인 전반기에 자본주의 공동체의 내면은 고갈된다는 사실을 관찰한 것이다. 이대로 계속된다면 공동체의 붕괴를 가져올 텐데, 음의 시기를 거침으로써 공동체의 가치를 회복하는 것이다.

사람의 인생 역시 동일하다. 인생의 봄·여름인 전반생 동안 외형의 성장(물적 성장)을 이루었다면, 가을·겨울인 후반생 동안 내면의 성장을 이루는 것이 인생의 리듬이다.

역경은 도(道)가 이처럼 음과 양의 순환을 반복하는 이유가 이를 통해 선(善)을 이어 가고, 성(性)을 이루려는 것이라 말하고 있다. 여기서 선은 진선미를 대표해서 말하는 것이다. 도가 음과 양의 순환을 반복하며 전개돼야 온갖 좋은 일들을 계속 이어 갈 수 있다고 말하는 대목이어서 흥미롭다.

성(性)은 앞서의 [그림 3] 사람이 태어날 때 하늘로부터 부여받은 영성을 말한다. 이와 같은 성을 이루려는 것이 도의 전개 목적이라 말하고 있다. 도는 존재가 나아가는 길이니, 이는 결국 성을 이루는 것이 존재의 목적이라 말하는 셈이다. 이는 사람의 인생을 어떤 관점에서 바라봐야 하는지를 말해 주는 중요한 구절이 아닐 수 없다. 어째서 성을 이루는 것이 사람의 존재 목적이 될까?

이는 역경이 말하는 삶과 죽음의 요체를 이해하면 납득할 수 있다.

육체에는 죽음이 필요하고
영혼에는 기억이 필요하다

· 인생 ·

비롯함에 근원하여서 돌아가서 마치는 고로,
죽고 삶의 답[說]을 안다.

原始反終故 知死生之說
원시반종고 지사생지설

〈계사상전〉 4장

사람의 나이가 오십쯤에 이르면 몸에 힘이 빠지면서 저절로
죽음에 대해 생각해 보게 되는데, 죽음에 대한 역경의 가르침은
위와 같다. 역경은 우선 자기가 비롯한 곳으로 돌아가서 마치는
것이 죽음이라고 말한다. 이 때문에 우리말에서도 사람이 죽는

것을 '돌아간다'고 표현하는 것이다. 하늘에서 비롯했으니 하늘로 돌아간다고 해서 '귀천(歸天)'이다.

여기에 더해서 역경은 죽고 삶의 문제에 대한 답[說]을 알고 싶으면 비롯함에 근원하여 살피라 촉구한다. 說(말씀 설)은 학설(學說), 논설(論說) 등에 쓰이는 글자로 '자기 나름의 답'을 의미한다. 역경이 '죽고 삶의 문제에 대한 답'에 說 자를 썼다는 것은 이 문제에 대한 답은 사람마다 자기만의 답을 찾아야 한다는 뜻이다. 그러니 죽고 삶의 문제에 대한 나만의 답을 찾기 위해, 나의 생명이 처음 비롯했던 순간에 대해 생각해 보기로 하자.

생명에게 육체의 죽음이
필요한 이유

내가 비롯했던 순간을 가만히 돌아보면, 처음에 나의 육체가 없었다는 사실을 알 수 있다. 육체는 내가 먼저 비롯하고 나서 어머니의 자궁 속에 있을 때 원소가 모여들어 형성한 것뿐이다. 이 때문에 아기는 태어난 후에 한동안은 자기 몸을 인식하지도 못한다. 그렇다면 내가 비롯하던 순간에 나에게 있었던 것은 무엇일까? 앞서 살펴본 바와 같이 하늘이 내게 부여한 성(性)이 있었을 뿐이다. 나의 의식조차도 처음에는 없었으며, 의식은 12세

무렵이 되어야 비로소 완성된다.

이처럼 내가 비롯했던 과정을 돌아보면 나의 육체가 나의 본질이 아님을 알 수 있다. 역경 역시 이를 깨치도록 유도하고 있다. 죽고 삶의 문제에 대한 답을 찾으려면 나의 본질이 무엇인지를 알아야 하기 때문이다.

조계종의 창시자인 지눌 국사는 《수심결》에서 인간의 육체를 피낭(皮囊), 즉 가죽 주머니라 지칭했다. 나의 마음을 담고 있는 가죽 주머니이니 아껴야 할 나의 부분이긴 하지만 나의 본질은 아니다.

하지만 인간의 자아의식은 자기 육체를 느끼면서 형성되기 시작하므로 자아의식이 형성되는 12세 무렵에는 자기 몸에 대한 애착을 갖게 된다. 그 결과 생의 전반기인 젊은 시절, 육체가 피어나는 시기에는 자기 몸이 아닌 정신이 나의 본질이라는 사실을 제대로 느끼기 어렵다.

"내 얼굴이니까 확신이 들 때까지"

필자는 최근 젊은 미녀의 얼굴이 등장하는 어느 성형 정보 어플의 광고를 보고 웃음을 터뜨린 일이 있다. 광고가 전하는 메

시지는 "내 얼굴이니까 확신이 들 때까지" 성형 수술을 한다는 것이다. 이 메시지가 매우 절묘한 것은, 우선 육체가 나의 본질이 아님을 알고 있다. 내 얼굴이 바뀐다 해도 나는 바뀌지 않는 것이라 생각하고 있다. 하지만 동시에 육체에 매우 집착하고 있다.

육체가 피어나는 젊은 시절에 사람이 이러한 태도를 취하는 것은 충분히 이해할 수 있다. 사실 그렇기 때문에 사람에게는 육체의 그래프가 하강하는 후반생이 필요한 것이다. 육체가 시들면서 죽음이 눈에 들어올 때 인간은 비로소 육체에 대한 집착에서 헤어나 정신으로 눈을 돌리게 된다. 육체는 썩어 없어지면 그만인 덧없는 것임을 절감하기 때문이다.

생명에게 죽음이 필요한 이유는 바로 이 때문이라고 할 수 있다. 가죽 주머니일 뿐인 육체에 집착하지 않도록 하기 위함이다. 생명의 진화 역사를 돌아보면 생명이 영생하던 시절이 있었음을 알 수 있다. 최초의 생명이라 할 수 있는 박테리아는 죽지 않으며 단세포 생물인 아메바도 죽지 않는다. 생명이 죽게 된 것은 생명이 처음 생겨나고 한참의 진화를 거듭한 후의 일이다. 이는 생명에게 육체의 죽음이 필요했다는 것이며, 육체의 영생이 바람직하지 않다는 사실을 보여 주는 것이다.

나의 육체는 떠나도
영혼은 영원히 남는다

'나는 언제 죽는가?'라는 질문이 있다.

우선 육체는 나의 본질적인 부분이 아니기 때문에 육체가 썩어 없어진다고 해서 내가 죽어 없어지는 것은 아니다. 내가 먼저 비롯하고 나서 그 이후에 원소가 모여들어 형성한 것이 육체이니, 이제 다시 원소가 흩어진다고 해서 내가 사라지는 것은 아니기 때문이다.

'사람들에게 나에 대한 기억이 남아 있는 한 나는 죽지 않고 남는 것'이라는 대답이 있다. 조금 근접하긴 하지만 정확하지는 않다.

육체가 흩어질 때 나의 정신은 어떻게 되는지를 생각해 볼 필요가 있다. 다음의 시 한 편을 보자.

난 당신의 언어가 좋았어요
살아온 시간이 묻어나던 말투

가끔 말을 하다 멈출 때가 있어요
당신의 언어가 나의 언어에 묻어날 때
당신이 곁에 머문 순간이 떠오를 때

난 당신의 언어를 참 좋아했어요

〈당신의 언어〉, 임은진(2021, 시민공모작)

지하철에서 마주친 한 편의 시인데, 이처럼 아마추어 시인의 작품이 외려 깊은 울림을 주는 경우가 많다. 이 시는 여러모로 많은 것을 생각하게 한다.

시인은 시를 통해 먼저 떠난 연인에 대한 그리움을 표현하고 있다. 시인은 특히 연인의 언어를 좋아했다. 살아온 시간이 묻어나던 말투였기 때문이다. 그 사람의 언어에서 그가 살아온 시간이 묻어났다는 것은 그가 살아온 삶을 통해 이룬 정신의 성취, 보다 구체적으로는 영혼의 성취가 있었다는 뜻이다. 그러한 영혼의 성취가 있기에 말투에 묻어나는 것이다. 그리고 그가 이룬 성취는 시인에게 영향을 미쳐 시인의 영혼을 성장시켰다. 그의 언어가 이제는 시인의 언어에서 묻어나는 것이다. 이는 그 사람의 영혼이 시인에게서 묻어나는 것이다.

시를 보면 그 사람의 육신이 사라졌어도 그 사람이 여전히 이 세상에 남아 있음을 볼 수 있다. 그렇다고 시인의 기억 속에 남은 것은 아니다. 오히려 시인은 자신의 언어에서 연인의 언어가 묻어날 때 흠칫 놀라 말을 멈추고 있다. 무의식 중에 묻어나는 그의 언어가 되려 그 사람에 대한 기억을 소환하고 있다.

이처럼 영혼에 미친 영향은 사람의 기억을 넘어 이 세상에 남는다. 그리고 그만큼 이 세상을 자라게 한다. 이러한 영혼의 성취가 쌓이고 쌓여 지금까지 세상이 이렇게 진화해 온 것이다.

이를 은나라 사람들은 귀장(歸藏)이라 칭했다. 귀장이란 '돌아가서 저장된다'는 뜻이다. 사람의 영혼이 기울인 노력이 돌아가서 저장되는 것이다. 그리고 이렇게 이 우주에 더해짐으로써 영혼은 영원히 사는 것이라 생각했다.

이 같은 생각은 은나라의 옛사람들에게는 자연스러운 것이었다. 육체의 죽음으로 내가 죽는 것이 아님을 느끼며 살았고, 그에 따라 썩어 없어질 것이 아니라 영원히 남는 것을 위해 살았다.

은나라 사람들은 그것이 삶의 의의라고 생각하며 살았던 것이다. 이 점에 대해서는 글을 달리하여 좀 더 살펴보고자 한다.

나는 무엇 하러
여기에 왔나?

· 의의 ·

하늘과 땅이 자리를 갖추매 역은 그 중간에서 행하는도다.
성(性)을 이루고, 있어야 할 것을 있게 하는 것이 도의에 드는 문이다.

天地設位 而易行乎其中矣 成性存存 道義之門
천지설위 이역행호기중의 성성존존 도의지문

〈계사상전〉 5장

역경은 "성(性)을 이루고, 있어야 할 것을 있게 하는 것"이 사
람이 마땅히 지키고 행해야 할 도의라 말한다. 원문으로는 '성
성존존(成性存存)' 네 글자에 해당하는데, 역경의 이 네 글자는
불교로 치면 견성(見性)에 해당한다. 불교에서는 마음의 본성

을 보아 내는 견성을 이루면 해탈에 이르러 모든 고통이 사라지고, 열반에 이르러 한량없는 기쁨을 느끼며, 부처가 될 수 있다. 그리하여 불교에서는 견성이 가장 근본적인 과제가 된다.

이와 유사하게 '성성존존'은 역경의 가장 근본적인 과제다. 이 때문에 성성존존이 도의에 드는 문이라 말하는 것이다. 사람이 성성존존의 이치를 깨치면 모든 고통이 사라지고, 무한한 기쁨을 느끼며, 영원한 삶에 이르게 된다. 그래서 근본 과제인 것이다. 이러한 역경의 근본 과제에 대해 살펴 보기로 하자.

이 세상을
살아가는 이유

먼저 "성(性)을 이룬다"는 성성(成性)에는 두 단계가 있다.

하늘이 내게 부여한 성(性)은 내 마음의 핵을 이루는 것으로 나의 성질(性質, 기질), 특성(特性)이 모두 이에서 비롯된다. 이와 관련하여 앞서 [그림 5]를 통해 살펴본 하늘의 뜻은 각 사람이 자신의 성질(기질)대로 고집을 부려 주기를 바라는 것이다. 비타협적으로 자신에게 새겨진 결의 방향대로 나아가 하늘의 뜻을 실현해 주기를 바라는 것이다. 이는 자신의 팔자에 부여된 소임을 다하는 것에 해당한다. 이처럼 성(性)에서 발현되는 성질, 특성에 요청되는 소임을 이루는 것이 "성을 이룬다"는 것의 첫째 단계다.

둘째 단계는 앞서 소개한 자기만의 십자가를 진 자로서의 소임을 이루는 것이다. 앞서 [그림 6]을 통해 살펴본 바와 같이 인간의 내면에는 결핍이 존재한다. 이 결핍은 유한한 인간 육체의 형질(形質)에 담기면서 형성된 영혼이 완전무결한 영성에 못미치면서 생겨나는 것이다.

이러한 내면의 결핍을 느끼는 인간 정신의 감수성은 이를 채워 완전한 영성에 이르고자 노력한다. 물론 유한한 인간은 완전무결한 영성에 100% 도달할 수는 없다. 하지만 영혼의 노력을 기울인 끝에 일정한 성취를 이루게 된다. 이때 모남이 있는 그의 성질(性質)은 일정한 품격을 이루게 되어 성품(性品)이 된다. 앞 글에서 시인에게 감화를 준 것이 바로 그녀의 연인이 이룬 성품이다. 이러한 영혼의 성취인 성품은 영성[性]의 무한한 가능성 중 일부를 이룬 것이다. 이것이 "성을 이룬다"는 것의 두 번째 단계에 해당한다.

이상의 두 단계는 모두 사람의 일생을 통해 이루어 나갈 일이긴 하지만, 전반생에서는 첫째 단계에 좀 더 주안점이 있고, 후반생에서는 둘째 단계에 좀 더 주안점이 있다.

다음으로 "있어야 할 것을 있게 한다"는 존존(存存)은 가고자 하는 바를 이루기 위한 실천 행동을 가리킨다. 군자의 그러한 행동은 마땅히 있어야 할 무엇인가가 없기 때문에 일어나는 것이다. 마땅히 있어야 할 것이 지금 없기 때문에, 그것을 있도록 만드는 일이 자신이 감당해야 할 몫이라고 느낀 군자가 이를 실천에 옮기는 행동에 나서는 것이다. 눈앞에 가시밭길이 뻔히 보여도 피하지 않고 기꺼이 걷는 경우가 이에 해당한다.

이와 같은 존존의 실천이 의미를 가지는 이유는 이 세상을 대상으로 하기 때문이다. 존존의 대상이 되는 이 세상은 어떤 곳일까? 이에 대한 대답이 서두의 역경 구절 첫째 문장이다.

서두에서 역경은 "하늘과 땅이 자리를 갖추매 역은 그 중간에서 행한다"라고 했다. 여기서 역(易)이 행한 결과가 이 세상이고 이 우주다. 역은 세상 만물의 존재 법칙이기 때문이다.

그런데 이러한 존재 법칙을 가리켜 아인슈타인은 신이 모습을 드러낸 것이라고 했다.

"나는 존재하는 모든 것의 법칙적 조화로 스스로를 드러내는 스피노자의 신을 믿는다."

"우주가 이해 가능하고 법칙을 따른다는 사실은 경탄할 만한 가치가 있는 것이다. 그것은 존재하는 모든 것의 조화를 통해 스스로를 드러내는 신의 본질적인 특성이다."

"나는 스피노자의 신을 믿는다. 왜냐하면 이 우주는 너무나 아름답기 때문이다. 굳이 그럴 이유가 없는데도 말이다. 스피노자는 '우주는 신이다'라고 말했다."

아인슈타인이 무신론자였다는 오해가 많은데, 그가 말했듯이 아인슈타인은 이 우주 자체가 신이라고 믿었다. 이 "우주가 이해 가능하고 법칙을 따른다는 사실은 경탄할 만한 가치가 있는 것"이라는 아인슈타인의 말은 가만히 곱씹어 볼 필요가 있다. 그 의미를 깨닫는다면 신의 존재 증명이 달리 필요하지 않을 것이다. 아인슈타인의 말대로 "존재하는 모든 것의 조화를 통해 스스로를 드러내는 것이 신의 본질적인 특성"이기 때문이다.

아인슈타인이 언급한 '존재하는 모든 것의 법칙적 조화'가 바로 역이다. 그리고 이 역이 행한 결과가 바로 이 우주요, 이 세상이다. 앞서 살펴본 [그림 1]이 바로 역이 행한 천지 창조의 원형이다. 그렇다면 아인슈타인의 말대로 이 우주가 바로 신이며, 역이 바로 신의 뜻일까? 아인슈타인이 도달한 결론과 역경의 계시 사이에는 조금 차이가 있다.

서두에서 "하늘과 땅이 자리를 갖추었다"라는 말은 '유한한 시공의 장이 열렸다'는 뜻이다. 역은 이 시공의 장에서 펼쳐진다. 하지만 신의 뜻(하늘의 뜻)은 유한한 시공의 장이 아닌 초월의 장에 존재한다. [그림 1]에서 역이 펼쳐지기 전에 초월적 하늘은 이미 존재하는 것이다.

그렇다고 아인슈타인이 틀렸다는 것은 아니다. 그는 신 자체를 본 것이 아니라 신이 유한한 시공의 장에 자신을 현현시킨 신의 몸을 본 것이다. 이 우주는 신의 몸인 것이다. 이는 신의 뜻 자체는 이 우주 너머 저곳 초월의 장에 존재한다는 점에서 차이가 있다. 좀 더 구체적으로는 신의 몸인 이 우주는 완전하지 못하다는 점에서 차이가 있다.

신의 몸인 이 우주는 완전무결한 신의 뜻을 향해 자라고 있다. 오늘의 우주는 어제보다 낫고, 내일의 우주는 오늘보다 더 자랄 것이다. 하지만 완전하지는 못하다. 무한한 신의 뜻이 유한한 시공의 장에 모습을 현현시킨 것이 신의 몸이므로 완전할 수 없다. 유한은 무한을 다 담아낼 수 없기 때문이다.

하늘과 땅의 중간자, 사람으로 태어나 해야 할 일

역경의 근본 과제인 성성존존이 의미를 가지는 이유는 바로 이 지점에 있다. 이 세상은 하늘의 몸이다. 하늘의 몸인 이 세상은 완전하지 못하지만 하늘의 뜻을 향해 자라고 있다. 그리하여 이 세상에서 하늘의 뜻이 점점 실현되고 있다. 역은 하늘과 땅 사이 그 중간에서 행한다고 했는데, 하늘이 땅을 펼치고서 또 사람을 내었으니, 하늘과 땅 사이에 선 사람은 자신에게 하늘이 부여한 성(性)을 이루어야 한다. 또한 하늘의 몸인 이 세상에 마땅히 있어야 할 것(하늘의 뜻을 실현하는 무엇)이 눈에 띈다면 그것을 이루어야 한다. 이렇게 해서 사람이 이룬 것[成性]은 하늘의 몸인 이 세상에 저장되며[存存], 그만큼 하늘의 몸을 자라게 하는 것이다. 이것이 바로 귀장이며, '사람이 하늘에서 왔으니 하늘로 돌아간다'는 귀천의 참뜻이다.

이렇게 하늘의 몸을 자라게 한 것은, 그것이 아무리 사소할지라도 하늘이 기뻐하는 일이다. 그리고 하늘의 뜻을 실천하는 영혼의 노력을 이 세상에 덧붙여 보존함으로써 그 사람의 영혼은 하늘의 몸에서 영원히 살아 숨쉬게 된다. 그렇다고 해서 꼭 거창한 일이어야 하는 것은 아니다. 앞 글에서 살펴본 시가 바로 적절한 사례다. 또한 필자가 최근 한 방송 프로그램에서 한 가지 좋은 사례를 목격하기도 했다.

뉴욕 맨해튼의 극장가에 있는 작은 샌드위치 가게 하나가 문을 닫았는데, 마지막 날 그 가게 앞에서는 한국계 사장 부부를 위한 눈물의 합창이 울려 퍼졌다.

이 가게는 한인 이민자인 71세 김정민 씨와 그의 부인이 40년 가까이 운영하던 가게였는데, 단골 손님이었던 브로드웨이의 배우들과 뉴욕 시민들이 감사의 마음을 전하고자 깜짝 은퇴식을 마련한 것이다.

이들 부부는 1984년부터 하루도 빠짐없이 새벽 6시에 문을 열고 샌드위치를 팔았다. 모든 것이 빠르게 변하는 뉴욕 맨해튼에서 39년 동안 한결같이 자리를 지켰다. 그리하여 브로드웨이를 오가는 사람들은 물론 배우들까지 단골 손님으로 사로잡았다.

인터뷰에 응한 어느 젊은 여성은 말하길, "사장님은 저에게 이웃집의 아빠같이 느껴져요. 눈물이 날 거 같아요"라고 했고, 한 남성은 "20년 동안 여기에 자주 왔어요, 정말 좋아했습니다. 여기서 일하는 사람들도 훌륭해요. 그들이 그리울 거예요"라고 말했다.

하지만 맨해튼의 임대료가 너무 오른 데다, 이제는 가족과 시간을 보내려고 김 씨 부부는 40년 만에 은퇴를 결심했다. 그리하여 이들이 떠나는 걸 아쉬워 한 브로드웨이의 배우 등 단골 손님들이 깜짝 은퇴 선물을 준비한 것이다.

이들은 감사의 글들을 손글씨로 담은 액자와 함께 손님들끼리 알음알음 소식을 전해 모은 2,400만 원가량의 성금도 건넸다. 300명 넘는 사람들이 정성을 모았다.

이들이 은퇴 선물로 준비한 노래 〈해피 트레일〉(즐거운 여행이 되길 바란다는 뜻)이 가게 앞에서 울려퍼지는 가운데, 김정민 씨는 감격한 모습으로 서 있고 그의 부인은 옆에서 눈물을 훔쳤다. 노래가 끝나자 김정민 씨는 "제 인생에 이런 순간이 있을 거라고 한 번도 생각해 보지 못했습니다. 모든 사람에게 정말 진심으로 감사드립니다"라고 인사했다.

미국의 현지 언론들도 이날의 소식을 전했는데, 김 씨를 "브로드웨이에서 또 다른 히트작을 만든 사람"으로 소개했다. 그리고 브로드웨이에서 뉴욕의 상징적인 역사 하나가 과거로 사라졌다고 전했다.

이날 눈물의 합창이 울려 퍼지던 순간은 그대로 진선미의 순간이었다. 그 순간 그 자리에 있던 모든 사람이 땅에서 하늘로 들어 올려지는 것을 볼 수 있었다.

김정민 씨는 성성존존의 완벽한 사례를 보여 주었다. TV에서 그의 모습을 볼 때 말로 표현할 수 없는 영혼의 품격을 느낄 수 있었다. 성성의 2단계인 성품의 완성을 이룬 사람인 것이다. 품격을 완성한 그의 마음은 주변인들에게 감화를 주었다. 인터뷰에 응한 남성은 그 가게에서 일하는 사람들도 모두 훌륭해서 그들이 그리울 것이라고 했다. 가게의 직원들이 김정민 씨의 성품에 감화를 받았던 것이다.

가게를 이용했던 고객들 역시 그를 통해 이 세상이 어떤 곳인지를 배웠다. 뉴욕이라는 대도시조차 각박한 곳만이 아님을, 사람의 따뜻한 마음이 살아 있는 공동체임을 느꼈다. 인터뷰에 응한 여성은 그가 이웃집의 아빠같이 느껴져서 눈물이 날 거 같다고 했다. 이렇게 그의 성품에 감화받은 이들은 이제 자신도 그렇게 살아야겠다고 느낀다. 앞으로 그렇게 살아갈 것이다.

김정민 씨는 이렇게 샌드위치 가게라는 자신의 생업을 통해 브로드웨이 한 귀퉁이에서 하늘의 뜻을 실천한 것이다. 그리하여 김정민 씨로 인해 하늘의 몸이 그만큼 자라났다.

미국의 현지 언론은 이날 브로드웨이에서 뉴욕의 상징적인 역사 하나가 과거로 사라졌다고 했지만, 사실은 사라진 것이 아니다. 김정민 씨와 그의 가게는 뉴욕의 상징적인 역사로 사람들의 마음에 영원히 남은 것이다.

사람이 땅 위에서 하늘의 뜻을 실천한다는 것은 하늘의 대리자로서 역할을 하는 것이다. 하늘의 천지 창조 대업에 동참하는 것이다. 이것이 참으로 기쁜 일이라는 사실을 깨치는 것이 핵심이다. 그 기쁨을 깨친다면 이것 외에 다른 것이 없다. 사람이 성성존존의 이치를 제대로 깨치면 모든 고통이 사라진다. 어떤 고통도 이겨 낼 수 있다. 하늘의 대리자 역할을 하는 무한한 기쁨을 느낄 수 있으며, 그의 영혼은 영원한 삶에 이르는 것이다. 이 때문에 근본 과제인 것이며, 은나라의 옛사람들이 성성존존(곧 귀장)을 삶의 의의로 삼은 이유 역시 이 때문이다.

은나라 사람들은 육체의 죽음으로 내가 죽는 것이 아님을 느끼며 살았고, 그에 따라 썩어 없어질 것이 아니라 영원히 남는 것, 하늘에 되돌리기에 합당한 것을 이루고자 노력하며 살았다. 하지만 현대인은 영원히 남는 것이 없다고 착각하고, 썩어 없어질 것만이 전부라고 착각한 채 이를 위해 살고 있다. 이는 단지 개인의 문제만은 아니며, 현대 자본주의 시대에 이르러 보다 알기 어렵게 된 측면이 있다. 현대 의학의 발전으로 육체의 생존 확률과 생존 기간이 길어지면서 사람의 감각이 육체 위주로 변했다.

또한 산업 문명과 자본주의 체제로 인해 물질의 시대가 열렸다. 이는 앞서의 [그림 9]에서 양의 흐름이 지나치게 강해진 시대라고 할 수 있다. 그에 따라 시대의 풍조가 육체를 찬양하는 것이다. 육체의 쾌락이 전부라고 여기는 삶의 태도가 범람하고 오로지 젊음을 찬양하는 것이 시대의 풍조라고 할 수 있다.

예를 들어, 최근 50대의 의미를 찾고자 하는 책들이 꽤 나오는데, 이러한 책들의 논조를 보니 오십 대는 아직 '젊다'고 강변하고 있다. 이는 시대가 젊음에 취했다는 단적인 증거라고 할 수 있다. 오십 대는 아직 젊어서 좋은 것이라고 하면, 10년이나 20년쯤 더 지나 이제 더 이상 젊지 않다는 사실을 인정할 때가 되면 무의미한 삶이 되는 것일까? 오십 대의 의미를 찾고자 하면 오십 이후에도 지속되는 삶의 의미를 찾아야 한다.

'나는 무엇 하러 여기 왔나?' 하는 질문을 '근본 질문'이라고 한다. 그 이유는 이 질문에 대한 답이 있어야 다른 모든 것을 바로 볼 수 있기 때문이다. 그래야 이 세상을 제대로 살아갈 수 있다. 그래서 이 질문이 근본 질문인 것이며, 이 질문에 대한 답은 '근본 지식'이라 불린다.

오십은 이러한 근본 지식을 정립해야 하는 시기다.

'나는 무엇 하러 여기 왔나?'

오늘 먹은 나의 마음이
과거와 미래를 모두 바꾼다

· 중심 ·

장(章)을 머금어야 정(貞)할 수 있으리라.

含章可貞
함장가정

〈곤(坤)괘〉 3효사

역경에서 건(乾)괘는 양의 흐름을 상징하는 괘로서 전체 64괘 중 32양괘를 대표하는 존재고, 곤(坤)괘는 음의 흐름을 상징하는 괘로서 32음괘를 대표하는 존재다. 이 때문에 역경 전체의 내용이 이 두 괘에 다 들어 있다고 할 정도로 풍부한 의미를 담고 있는 중요한 괘들이다.

건괘는 양의 흐름을 상징하기 때문에 인생의 전반기를 관장하며, 곤괘는 음의 흐름을 상징하기 때문에 인생의 후반기를 관장하는 괘라고 할 수 있다. 그러므로 곤괘의 여러 효사에는 사람의 후반생을 위한 금쪽같은 조언이 담겨 있다.

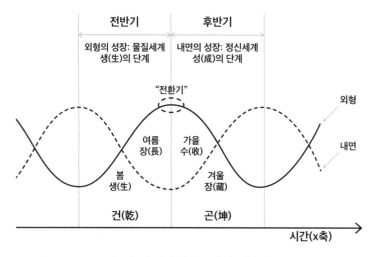

[그림 11] 건의 길과 곤의 길, 전환기

[그림 11]의 그래프에서 오십 대는 건의 길이 절정에 이른 후 곤의 길로 넘어가야 하는 전환기에 해당하므로, 건의 길에서 과잉의 단계인 6단계 항룡으로 갈 것이 아니라 곤의 길 1단계로 넘어가야 했던 것이다. 오십 대를 위해 곤의 길 1단계가 전하는 조언은 다음과 같다.

서리를 밟고 있으니 굳은 얼음이 어는 때도 이르리라.

履霜 堅冰至

<곤괘> 1효사

인생의 가을날에 접어든 오십 대는 지금 현재로는 이른 아침에 땅에 깔리는 서리를 밟고 있는 정도다. 아직은 육체에 힘이 남아 있고 아직은 '젊다'고 강변할 수도 있다. 하지만 지금 서리를 밟고 있으니 앞으로 굳은 얼음이 어는 때도 찾아올 것이라는 사실을 잊지 말라고 경계하고 있다.

하지만 이를 알지 못하고 과잉의 단계로 가고 만 결과가 항룡의 추락인 것이다. 이러한 항룡의 추락이 오십 대에 흔한 첫 번째 실패 유형이라면, 두 번째 실패 유형은 '그냥 이대로 살지 뭐' 유형이라고 할 수 있다. 이를 자족하는 태도라 착각할 수 있지만 어디 인생이 그리 만만하던가. 인생은 '그냥 이대로 살지 뭐' 같은 안이한 태도를 용납하지 않는다.

빅토르 위고는 사람의 인생에서 오십 대가 '제2의 질풍노도기'라는 사실을 정확하게 지적한 바 있다. 요즘은 오십 세 전후 중년기를 '사추기(思秋期)'라 부르는 일도 흔해졌다.

오십에는 크게 앓건 작게 앓건 중년의 위기가 없을 수 없는데 이는 오십에 치러 내야 하는 통과 의례와도 같다. 청년으로 바로 서기 위해 치러 내야 하는 사춘기(思春期)의 통과 의례가 열병 같다면, 오십 사추기에 치러 내야 하는 통과 의례는 무병과 같다.

샤먼(무당)이 신내림을 받기 싫어 피했을 때 평생을 시름시름 앓게 되는 병이 무병이다. 사람은 누구나 어느 정도 샤먼이라 할 수 있고, 오십에 이른 님도 마찬가지다. 오십의 위기가 닥쳤을 때 피하지 말고 '삶의 중심'을 내려받아야 한다. 이를 피할 경우 후반생을 계속 시름시름 앓으며 보내야 한다.

제1의 질풍노도기인 사춘기의 열병은 쉽게 눈에 띈다. 하지만 오십에 앓게 되는 무병은 눈에 잘 띄지 않는다. 오십은 야단법석을 피울 나이가 아니기 때문이다. 하지만 눈에 잘 보이지 않는 만큼 더 위험할 수 있다. '그냥 이대로 살지 뭐'와 같은 태도를 취한 채 치러 내야 할 통과 의례를 치러 내지 못하면 후반생을 계속 시름시름 앓게 된다. 이뿐만 아니라 모처럼의 소중한 인생이 결실을 맺지 못하게 된다.

오십, 내 인생을 규정하고 각인해야 할 때

신내림을 통해 내려받을 것이 삶의 중심이라고 했는데, 보다 구체적으로는 서두에서 역경이 말하는 '장(章)'을 내려받아야 한다. 그렇다면 장이란 무엇인가?

章을 자전에서 찾아보면 '문장(文章), 구별, 표지, 밝히다, 나타내다, 드러내다' 등의 여러 뜻이 나온다. 그 어원은 辛(매울 신, 글자를 새기는 조각칼)과 曰이 합쳐진 글자인데, 글자를 새기는 조각칼로 무언가[曰]를 새기는 모습이다. 이는 청동기에 글을 새겨 넣는 모습을 형상화한 것이다.

은나라에서는 선조에 대한 제사를 지낼 때 선조의 일생을 요약해서 명문으로 새겨 넣은 청동기를 제사상에 올렸다. 청동기에 많은 글자를 새겨 넣을 수는 없으므로 그 일생의 요체를 짧게 새겨 넣었다. 이를 통해 알 수 있는 章의 원형적 의미는 '타인과 구별되는 그 사람만의 일생의 핵심을 짧게 밝힌 글'이라고 할 수 있다. 이로부터 '문장(文章), 구별, 표지, 밝히다, 나타내다, 드러내다' 등의 여러 뜻이 파생된 것이다. 표지란, 다른 것과 구별하기 위해 남과 다른 자신만의 특성을 드러내는 것이다. 가문의 문장(紋章)에 章이 들어간 경우가 이와 같은 뜻을 반영한 경우에 해당한다.

그러므로 역경이 말하는 취지는 '사람이 이와 같은 章을 입에 머금고 있어야 후반생을 흔들림 없이 살아갈 수 있으리라'는 말이다. 입에 머금고 있어야 한다는 것은 어떤 상황에서도 본능적으로 즉시 입에서 튀어나올 정도로 각인이 되어 있어야 한다는 말이다. 그러기 위해서는 먼저 자신의 장(章)이 무엇인지 선명하게 정립되어 있어야 한다. 그래야 힘든 상황이 닥쳤을 때도 본능적으로 입에 머금을 수 있는 것이다. 역경은 이처럼 장을 입에 머금을 것을 인생 후반부를 잘 살아 내기 위한 선결 조건으로 제시한다.

장이란 결국 '나의 인생을 무엇이라 규정할 것인가'의 문제다. 역경은 인생의 전환기에 놓인 오십에게 이를 스스로 규정하라고 촉구하는 것이다.

왜 오십에 이를 규정하는가? [그림 11]을 보면 사람의 전반생은 생(生)과 장(長)을 이루는 시기다. 다양한 방면으로 가지를 뻗으면서 여러 가능성을 모색하는 시기인 것이다. 그러나 오십이면 이제 후반생으로 접어들었다. 후반생은 수(收)와 장(藏)을 이루는 시기다. 바야흐로 인생의 결실을 거둬들여야 하고, 귀장을 통해 삶의 의의를 이루어야 한다. 그런데 결실(結實)이란 '열매를 맺는다'는 뜻이다. 결실을 거두려면 무엇보다 우선 일을 '맺지' 않으면 안 되는 것이다.

그러므로 인생의 가을에 접어든 오십은 무엇보다 먼저 자신의 인생을 무엇이라 할지 규정을 내려야 하고 입에 머금어야 한다. 그렇지 않으면 시간이 흐를수록 당황하게 될 것이며, 길을 잃게 될 것이다. 앞서 〈곤괘〉는 1효사에서 지금 "서리를 밟고 있으니 굳은 얼음이 어는 때도 이를 것"이라 했다. 갈수록 체력은 저하하고 기억력도 감퇴할 것이다. 오십에 자신의 인생을 선명하게 규정짓고 본능적으로 입에 머금고 있지 않으면, 어느 날엔가 모든 것이 흐릿해질 것이다. 내가 왜 사는지, 젊은 시절에 나는 무엇을 위해 그리 좌충우돌했는지 모든 것이 흐릿해지고 마는 것이다. 인생의 길을 잃고 표류하며 시름시름 앓게 되는 것이다.

인생의 끝을
생각하며 살아라

화가 르누아르는 "고통은 지나가고 아름다움은 남는다"라고 했다. 그는 화가였기에 아름다움을 대표로 삼아 말했지만, 그 뜻은 진선미가 남는다는 말이다.

고통은 세월과 함께 지나간다. 이 때문에 지난 추억은 언제나 아름다운 것이다. 시간이 흐르면 본질이 아닌 것은 다 흩어진다. 시간은 변덕스러운 우연, 사건, 사실들을 흩어 버리고 진선미만을 창공으로 들어 올린다. 진선미는 하늘의 몸에 새겨지는 것이다. 앞서 소개했던 허준이 교수의 서울대 졸업식 축사에는 다음과 같은 구절이 있다.

"우리가 80년을 건강하게 산다고 가정하면 약 3만 일을 사는 셈인데, 우리 직관이 다루기엔 제법 큰 수입니다. 저는 대략 그 절반을 지나 보냈고, 여러분 대부분은 약 3분의 1을 지나 보냈습니다. 혹시 그중 며칠을 기억하고 있는지 세어 본 적 있으신가요? 쉼 없이 들이쉬고 내쉬는 우리가 오랫동안 잡고 있을 날들은 3만의 아주 일부입니다. 먼 옛날의 나와, 지금 여기의 나와, 먼 훗날의 나라는 세 명의 완벽히 낯선 사람들을 이런 날들이 엉성하게 이어 주고 있습니다. (중략) 취업, 창업, 결혼, 육아, 교육, 승진, 은퇴, 노후 준비를 거쳐 어디 병원 그럴듯한 일인실에서 사망하기 위한 준비에 정신 팔리지 않기를 바랍니다. 무례와 혐오와 경쟁과 분열과 비교와 나태와 허무의 달콤함에 길들지 말길, 의미와 무의미의 온갖 폭력을 이겨 내고 하루하루를 온전히 경험하길, 그 끝에서 오래 기다리고 있는 낯선 나를 아무 아쉬움 없이 맞이하길 바랍니다."

허 교수는 청년기에 시인이 되고자 문학 공부에 매달렸던 적이 있고, 나중에는 수학자가 되어 순수 논리의 세계에 머물러서 그런지 그의 축사는 논리적이면서도 절묘한 통찰을 드러낸다.

우리가 대략 3만 일을 건강하게 산다고 할 때, 우리가 오랫동안 잡고 있을 날들은 3만의 아주 일부다. 이런 소중한 몇몇 날들에 대한 기억이 먼 옛날의 나와, 지금 여기의 나와, 먼 훗날의 나라는 세 명의 완벽히 낯선 사람들을 엉성하게 이어 주고 있다.

시간은 본질이 아닌 것들, 변덕스러운 우연, 사건, 사실들을 다 흩어 버리고 진선미만을 남긴다. 진선미의 순간에 해당하는 소중한 몇몇 날들에 대한 기억이 나를 지탱하는 것이다. 이러한 이치를 뒤늦게 깨닫는 사람들이 있고, 죽음의 순간에 이르도록 깨닫지 못하는 사람들도 있다.

"정승 집 개가 죽으면 문상객들이 문전성시를 이루지만 정승이 죽으면 개미 한 마리 얼씬하지 않는다"라는 말이 있다. 이는 그 정승이 자신에게 진정 소중한 것이 무엇인지 알지 못하고서 개만도 못한 삶을 살았기 때문이다.

이런 경우 사람은 죽음의 때에 이르러 공포에 질리게 된다. 사람이 죽음의 순간에 이르면 지난 평생 동안의 일이 빠르게 눈앞에서 돌아간다. 이른바 '필름이 돌아가는' 것이다. 이때서야 비로소 자신이 평생에 걸쳐 헛것만을 바라보고 헛살았다는 사실을 깨달으면 사람이 공포에 질리는 것이다. 사람이 지옥에 떨어진다는 것은 이를 두고 하는 말이다. 평생을 헛살았다는 것이 눈에 보이는데, 이를 바로잡을 길이 없기 때문이다. 이때 존재가 느끼는 공포는 바닥 없는 심연의 나락으로 영원히 추락하는 지옥의 공포 그 자체다.

허 교수가 "그 끝에서 오래 기다리고 있는 낯선 나를 아무 아쉬움 없이 맞이하길 바랍니다"라고 했을 때 '그 끝에서 오래 기다리고 있는 낯선 나'는 죽음의 순간의 나를 말한다.

사람이 나이 오십에 이르면 죽음의 순간에 오래 기다리고 있는 낯선 나를 어떤 모습으로 만날지 생각하며 살아야 한다. 이것이 나의 장을 정립하는 것이다. 사람에 따라 장의 구체적 내용은 달라지겠지만 그것이 무엇이건 땅에서 들어 올려져 하늘의 몸에 새겨지는 것이어야 한다. 썩어 없어지면 그만인 육체의 것을 추구한다면 죽음의 순간에 공포에 질리게 될 것이다.

고통은 육체의 소멸과 더불어 사라질 것이다. 하지만 진선미는 남는다. 하늘의 몸에 귀장되어 영원히 남는 것이다.

이제부터는 인생을 완성할 치열함을 갖춰야 한다

원효대사의 '일체유심조(一切唯心造)'라는 가르침은 익히 알려져 있다. 하지만 이 구절을 '모든 일은 마음먹기에 달려 있다'

정도로 해석하는 것은 부족하다. 글자 그대로 번역하면 '일체의 모든 것은 오직 마음이 지어내는 것이다'가 된다. 그리고 원효대사는 이 가르침을 글자 그대로의 의미로 말씀한 것이다.

일체의 모든 것은 오직 마음이 지어내는 것이라는 말은 우리 마음이 이 세상을 실제로 지어내고 지탱한다는 말이다. 그에 따라 원효대사는 지옥계, 아귀계, 축생계, 인간계 등이 실제로 이 땅 위에 존재한다고 가르쳤다. 필자 역시 길모퉁이에서 축생을 보며 아귀다툼을 벌이는 아귀들을 본다. 가끔 지옥계를 살고 있는 악마도 본다.

'육체가 나'라고 생각하는 사람은 그러한 자신의 생각에 따라 세상을 그렇게 지어내며, 그러한 세상(축생계)에서 살아가며, 그러한 세상을 계속 지탱해 간다.

반면 인간계는 정신세계에 펼쳐져 있다. 사람의 몸을 구성하는 원소는 바위나 나무, 개나 소와 똑같다. 인간에게 고유한 것은 영혼과 정신이니 당연한 결과다. 육체가 아닌 '영혼과 정신이 나'라고 생각하는 사람들이 인간계를 지어내며 그러한 세상에서 살아가는 것이다. 원효대사의 가르침이 비유가 아닌 실재임을 깨달아야 한다.

원효대사의 가르침은 20세기의 아인슈타인에 이르러서야 실재임이 입증되었다. 아인슈타인이 정립한 우주의 상대성 원리는 '이것에 의해 저것이 있게 되고, 저것에 의해 이것이 있게 된다'는 것이다. 그런데 그는 일본인 최초 노벨물리학상 수상자인 유카와 히데키로부터 이와 똑같은 가르침이 불교에 있다는 충격적인 말을 듣게 된다. 이에 놀란 아인슈타인이 불교 교리를 배웠고, 이후 "현대의 과학적 요구에 부응할 수 있는 종교를 꼽으라고 한다면 나는 불교라고 말하고 싶다"라는 말을 남겼다.

그런데 저 상대성 원리는 불교 이전에 역학에 있는 대대의 원리다. 음에 의해 양이 있게 되고, 양에 의해 음이 있게 된다. 어둠에 의해 밝음이 있게 되고, 밝음에 의해 어둠이 있게 되는 것이다.

그렇다면 이 세상의 대대는 무엇일까? 서로 대립하면서 동시에 서로 의존하는 것, 이것에 의해 저것이 있게 되고, 저것에 의해 이것이 있게 되는 것, 그것은 나의 마음이다. 이 세상과 나의 마음이 서로 대대인 것이다. 나의 마음에 의해 이 세상이 있게 되고, 이 세상에 의해 나의 마음이 있게 되는 것이다.

그러므로 이 세상은 나의 마음에 의해 지어지는 것이다. 인간 정신은 사실을 자신의 마음에 따라 바꾸어 내서 이 세상을 짓는다. 귀장이 바로 이것이다.

사실을 하늘의 뜻에 합당하게 바꾸어 낸 것이 하늘의 몸에 돌려져 영원히 남는 것이다. '성성존존'을 이룬 이들의 귀장에 의해 인간계가 지탱되는 것이며, 천상계를 향해 조금씩 자라고 있는 것이다. 아직까지 지상 세계를 축생계가 아닌 인간계가 주도한다는 것은 군자의 노력이 쇠퇴하지 않았음을 보여 주는 것이다.

요새는 사실을 '팩트'라고 부르는 것이 유행이다. 그런데 이 팩트처럼 약한 것이 없다. 팩트라는 것은 사람의 마음 앞에 무릎을 꿇는 것이다.

가만히 생각해 보면 알 수 있는 이치다. 사실이란 것이 얼마나 가변적이며 약한가? 사실은 사람의 마음이 지탱하지 않는 한 수시로 모습을 바꾸며, 조금만 지나도 흩어지고 마는 것이다. 그러므로 사람은 과거를 포함한 자신의 인생 전체를 바꿀 수 있다. 이것이 인생의 비밀이며 놀라운 기적이다.

만물 중에 사람이 가장 귀한 이유가 여기에 있다. 축생은 이러한 기적을 일으키지 못하며, 정신 세계를 지닌 사람만이 이룰 수 있는 일이다. 개나 소에게도 몸은 있다. 하지만 사람에 이르러 몸 외에 마음이 또 주어진 이유가 여기에 있는 것이다.

인간 정신의 힘은 과거를 바꾸어 내는 것이다. 그러므로 사람은 자기에게 일어나는 변덕스러운 우연에 휘둘리지 않는다. 사람은 자신에게 일어나는 사건을 모두 굴복시킨다. 그리고 자신에게 부여된 하늘의 뜻을 이루고자 계속 나아가는 것이다. 이것이 사람의 일이다.

변덕을 관통해 내는 것을 일러 사람의 일이라고 한다.

通變之謂事

〈계사상전〉 5장

천명이란 무엇인가? 여러 가지로 대답할 수 있는데 그중 하나는 자기에게 일어난 변덕스러운 우연을 모두 관통해 내는 것이다. 그리하여 하늘의 뜻을 이루어 내는 것이다.

앞의 [그림 11]을 보면 후반생은 정신 세계를 사는 것이다. 그러므로 후반생 동안 정신의 힘으로 과거(전반생)의 사실들을 합당하게 바꾸어 내야 한다. 전반생을 사는 동안 자신에게 닥쳤던 온갖 변덕스러운 우연을 관통하여 의미를 부여해 내는 것이다. 이렇게 할 때라야 사람은 비로소 자기 과거의 의미를 제대로 알 수 있는 것이다. 그리고 이렇게 해서 흘러가 버린 과거를, 자기의 인생을 바꾸어 내는 데에 삶의 의미가 있다.

[그림 11]을 보면 생의 전반기는 생(生)의 단계, 생의 후반기는 성(成)의 단계로 표시되어 있다. 이는 모든 존재가 생과 성

의 2단계를 거쳐 생성(生成)된다는 사실을 보여 주는 것이다. 또한 이는 어떤 존재가 이 세상에 태어난[生] 상태 그대로는 아직 완성된[成] 것이 아니라는 뜻이다.

生은 생고기, 생가죽 같은 용례에서 보듯이 '날 것'을 의미한다. 그러므로 존재는 아직 날 것 그대로인 생의 차원으로부터 성숙하고 완성된 성의 차원으로 올라서야 한다. 이는 사람의 전반생이 아직 날 것 그대로의 상태로, 요리되기를 기다리는 재료로 주어진 것임을 뜻한다. 좌충우돌하며 치열하게 살아온 전반생만으로는 아무것도 결정된 것이 없다. 여기에 의미를 부여하여 멋진 작품으로 완성해야 하는 것이다.

의미를 부여하기 전까지 나의 과거는 가변적인 것이다. 여기에 어떤 의미를 부여할 것인가? 비참한 과거였는가, 나를 단련시키는 과정이었는가? 무의미한 과거였는가, 유의미한 과정이었는가? 전반생이 어느 쪽이었는지 '지금의 나'가 결정하는 것이다. 그리고 이어지는 후반생을 통해 그 결정을 입증하는 것이다. 이렇게 해서 나의 삶이 완성된다. 결국 오늘 먹은 나의 마음이 오늘은 물론 과거와 미래를 모두 바꾼다. 나의 마음은 그토록 놀라운 것이다. 이것이 인간 정신의 힘이다.

요새 '태어난 김에 산다'는 말이 유행이다. 생의 단계인 전반생은 태어난 대로, 주어진 대로 사는 시기이니 젊은이는 '태어난 김에 산다'고 말해도 된다.

하지만 오십에 이른 사람이 그렇게 말할 수는 없다. 후반생은 성의 단계로 스스로 이루는 시기이니, 오십에 이른 사람이 여전히 태어난 대로, 주어진 대로 살고 있다면 부끄러운 일이다. 오십이라면 응당 자신의 팔자를 바꿔 내서 넘어서야 한다. 또한 인격의 고양을 통해 자신의 성품을 완성해야 한다. 이렇게 해서 스스로 자신의 삶을 완성시켜야 한다.

앞서 章의 어원이 '글자를 새기는 조각칼[辛]로 청동기[曰]에 글을 새겨 넣는 모습'이라고 했다. 그 청동기는 나의 제사상에 오르는 것으로 이 세상에 영원히 남는다. 이는 그대로 귀장(성성존존)에 대한 훌륭한 비유다.

지금까지 나의 본질로 영혼과 정신을 쭉 강조했으니, 여기서는 나의 육체의 중요성을 언급하지 않을 수 없다. 나의 육체는 이 세상에 나의 영혼과 정신을 새겨 넣는 조각칼이다. 나의 육체가 있어서 나의 소임을 다할 수 있으니, 육체 역시 나의 소중한 일부다. 자신에게 주어진 조각칼로 이 세상에 무엇이라 새길지 선명하게 정립한 것이 나의 장이다.

사람의 나이 오십은 장을 정립하고 나서 부지런히 세상에 새겨 나갈 소중한 시기다. 이러한 이치를 알지 못하기 때문에 무기력증에 빠지며, 오십의 위기를 앓는 것이다.

무엇이 거저 이루어지는 법은 없다. 그러므로 이러한 인간의 성숙 역시 나이를 먹는다고 거저 이루어지는 것은 아니다. '그냥 이대로 살지 뭐'와 같은 태도로는 가능한 일이 아니다.

오십에 이른 사람은 이제 자신의 인생을 완성해 내기 위한 치열함이 있어야 한다. [그림 11]에서 외형이 아닌 내면의 그래프를 상승시키기 위한 치열함이 필요한 것이다. 이를 위해 필요한 것이 장을 머금는 것이며, 그때라야 정(貞)한 힘으로 제2의 질풍노도기를 통과할 수 있는 것이다. 그때라야 균형 잡힌 후반생을 살 수 있고 소중한 인생의 결실을 맺게 된다.

과거와 타인에서 벗어나
나의 길을 나아가야 할 때

· 성찰 ·

자루를 틀어 묶어 허물을 없이 하고 명예도 없이 하라.

括囊　无咎　无譽
괄낭　무구　무예

〈곤괘〉 4효사

　서두에 제시한 〈곤괘〉 4효사는 장을 머금어야 한다는 3효사
의 조언에 뒤이어 바로 이어지는 조언이다. 여기에서 '자루를
틀어 묶는다[괄낭(括囊)]'는 은나라의 점인들이 갑골로 점을 치
는 과정에서 생겨난 말인데, [그림 12]가 이를 보여 주는 갑골문
이다.

[그림 12] 괄낭을 의미하는 갑골문

은나라에서 갑골점을 칠 때는 불에 달군 막대로 갑골을 지지는데, 이때 갑골이 터지면서 갈라지는 금들을 통해 하늘의 계시를 내려받았다. 이 신성한 금들을 '복'이라 불렀는데, 오늘날 '점치다'는 뜻으로 쓰이는 卜(복)자가 바로 이처럼 갑골이 갈라지면서 생기는 금의 모양을 형상화한 글자다. 은나라 점인들은 갈라진 복의 모양을 보고 하늘의 뜻을 말로 풀어냈기에, 卜(복) 자와 口(입 구) 자가 합쳐진 글자가 占(점칠 점) 자가 되었다.

[그림 12]에서 자루 안에 놓인 것이 바로 卜(복) 자와 口(입 구) 자다. 두 글자가 아직 서로 떨어져 있는데, 이를 자루로 틀어 묶는 것이 [그림 12]의 모습이다. 이는 점인들 사이에 금에 대한 풀이가 일치하지 않을 경우, 은나라 왕(점인들의 우두머리)이 직접 나서서 의견이 분분한 풀이를 한 가지 뜻으로 확정 짓는 것을 의미한다. '자루를 틀어 묶는다'는 것은 이런 의미이며, 이처럼 왕이 나서서 자루를 틀어 묶을 경우 더 이상 금의 풀

이에 대한 다른 의견은 용납되지 않는다.

이제 타인이 아니라
나를 위해 노력하라

역경이 오십에게 장(章)을 머금어야 한다고 조언한 후 '자루를 틀어 묶으라'고 조언하는 것은 나의 인생을 무엇이라 규정할 것인지에 대해 결단을 내렸다면 이제는 더 이상 이에 대해 왈가왈부하는 다른 사람들의 말에 일체 귀를 기울이지 말라는 것이다. 이제는 더 이상 좌고우면하지 말고 무소의 뿔처럼 밀고 나가라는 것이다.

단, 이때 "허물은 없어야 한다". '허물이 없다'는 말에 대해 역경은 다음과 같은 풀이를 제시한다.

허물이 없다는 것은 (자신의) 과오를 잘 보수했다는 말이다.
无咎者 善補過也

〈계사상전〉 3장

이는 자신이 저지른 어떤 과오로 인해 일단 상처가 나긴 했지만, 상처를 잘 치유했기 때문에 흉터(허물)가 남지는 않았다는 말이다. 이는 과오를 고치기 위한 후속적인 노력을 충실히 함으로써 그 과오가 사람들의 기억에 계속 불명예로 남게 되지는 않는 경우를 말한다. 그러므로 역경이 후반생을 사는 오십에게 "허물이 없도록 하라"고 조언하는 것은 바로 과거의 사실들을 바꾸어 내라는 의미가 된다.

앞 글에서 사람이 나이 오십에 자신의 장을 정립했다면 이후 과거(전반생)의 사실들을 장에 합당하도록 바꾸어 내야 한다고 했다. 자신의 장으로써 전반생에 겪었던 모든 변덕스러운 우연을 관통해 내는 것이다.

그러기 위해서는 먼저 자신의 지나온 삶을 돌아보고 차분하게 성찰하는 과정이 선행되어야 한다. 이러한 성찰의 과정을 통해 지나온 삶에서 어떤 과오가 발견된다면 이를 잘 치유하기 위한 노력을 기울여야 한다. 그래야 그 과오가 허물로 계속 남지 않는 것이다.

단, 이러한 성찰과 치유의 과정 앞에 '자루를 틀어 묶으라'는 조언이 선행하고 있음에 유의해야 한다. 이는 성찰을 하더라도 다른 사람들의 말에 좌우되는 성찰이 아니라 내가 주체가 되는 성찰이어야 함을 뜻한다. 그러기 위해서는 앞서 3단계에서 정립한 자신의 장을 성찰의 기초로 삼을 것이고, 다른 사람의 인생이 아닌 자신의 인생을 돌아본다는 사실을 명심하면 될 것이다.

다음으로 "명예도 없이 해야 한다". 우선 명예가 무엇인지 생각해 보면, 명예란 타인의 시선으로부터 오는 것이다. 그러므로 "명예도 없이 하라"는 것은 어떤 명예를 얻기 위해 타인의 시선에 구애되는 행동을 하지 말라는 말이다.

종합적으로 〈곤괘〉 4효사가 제시하는 역경의 조언을 살펴보면 이러하다.

'나의 인생을 무엇이라 규정할지 일단 결단을 내렸다면 자신의 결단에 대해 자루를 틀어 묶으라. 그리고 그 기준에 비추어 과거의 전반생 동안 저지른 과오를 잘 치유해서 그 과오가 허물로 계속 남지 않도록 노력을 기울일 것이지만, 그러한 노력 외에 추가로 어떤 명예를 얻기 위해 타인의 시선을 만족시키기 위한 노력은 일체 하지 말라.'

어째서 이러한 조언을 하는 것일까? 사람이 인생에서 어떤 보람을 이루지 못하는 경우의 상당수가 이 때문이라서다. 생각해 보자. 내 인생의 보람이 아닌 타인의 것을 위해 소중한 나의 시간과 기운을 낭비하는 일이 얼마나 많은가? 이제 오십이므로 나의 시간과 기운이 얼마 남지 않았다. 이제는 내 것이 아닌 타인의 것을 위해 나의 시간을 허락하지 말아야 한다. 젊었을 때와는 상황이 다른 것이다.

경계를 둘러치고
중심을 잡으면 강해진다

사람은 유한한 존재이므로 스스로 한계를 둘러칠 필요가 있다. 무한은 사람이 감당할 수 있는 게 아니기 때문이다. 만약 사람이 무한한 가능성을 추구한다면 그의 삶은 무한 안에서 흩어지고 말 것이다.

스스로 한계를 둘러칠 때라야 자기 존재가 분명해진다. 나는 무엇 하러 여기 왔는지가 분명해지는 것이다. 이때라야 사람은 강해질 수 있다. 이때라야 사람은 확신을 가질 수 있고 치밀해질 수 있다. 그 결과 무언가를 이룰 수 있다. 인생의 가을날에 접어든 오십이라면 더 말할 것이 없다. 자기 인생에서 무언가 결실을 거두려면 반드시 "자루를 틀어 묶어야" 한다.

모두에게 좋은 사람은 이 세상에 있을 수가 없는 것이여. 왜 남한테 장단을 맞추려고 하나. 북 치고 장구 치고 니 하고 싶은

대로 치다 보면 그 장단에 맞추고 싶은 사람들이 와서 춤추는
거여.

《박막례, 이대로 죽을 순 없다》

이 말은 '유튜브 할매'로 통하는 실버 크리에이터 박막례 씨의
대표 어록이다. 억척스레 자신의 삶을 개척해 온 70대에게서야
나올 수 있는 깊은 통찰이다. 이 어록 안에 지금까지의 긴 설명
이 다 들어 있다.

나의 장단이 나에게 부여된 결이며 괘이고, 나의 천명이다.
이러한 나의 장단이 모두에게 좋을 수는 없다. 나의 천명은 나
의 장단을 완성하는 것이고, 나의 장단이 울려 퍼지는 나의 우
주를 완성하는 것이다. 내가 자신 있게 나의 장단으로 북을 치
고 장구를 치다 보면 나의 장단에 맞추고 싶은 사람들이 와서
나를 중심으로 돌아가며 춤을 추는 것이다. 이렇게 해서 나의
우주가 완성된다. 이렇게 나의 우주를 자신 있게 완성하는 것이
나의 천명이다. 이렇게 나의 장단이 울려 퍼지는 나의 우주가
완성되면 전체 우주의 다채로움을 위해 기여하게 된다. 이것이
또한 귀장이다.

이러한 나의 우주를 완성하기 위해 장을 머금어야 하고 자루
를 틀어 묶어야 하는 것이다. 장을 머금음으로써 나의 우주가

돌아가는 중심축을 세우는 것이고, 자루를 틀어 묶음으로써 중심축을 튼튼히 굳히는 것이다.

이때 '명예'라는 형태의 유혹이 방해의 올가미로 나타난다. 사람이 남한테 장단을 맞추고 싶어지는 것은 타인을 만족시킴으로써 주어지는 칭찬과 명예에 눈이 가기 때문이다. 하지만 나이가 오십이라면 이제는 자기의 천명을 이루는 노력 외에 타인에게 시간을 내주는 것은 곤란하다. 자신에게 남은 시간이 얼마 없다.

그러므로 오십은 스스로 자루를 틀어 묶어 자기 천명[장(章)]의 경계를 둘러쳐야 하고, 경계 밖의 일은 하늘에 맡겨야 한다. 이것이 또한 낙천이다. 물론 자신의 성찰이 먼저 있고서 그렇게 하는 것이다. 역경의 "허물이 없어야" 한다는 말이 그것이다.

역경이 "명예도 없이 하라"는 것은 '명예가 없어도 된다'는 말로, 하늘이 오십에 허용한 '면제'라고 할 수 있다. 이와 같은 면제가 허용되는 이유는 천명을 따르는 것이기 때문이다. 다산 정약용은 천명에 대해 "사람에게 명(命)이 있어 얼마나 다행인가"라는 적절한 언급을 남겼다. '사람에게 주어진 명이 없다면 하늘의 뜻을 다 이루지 못한 큰 죄를 감당할 길이 없을 것인데, 자신에게 주어진 명이 있으니 그 외의 일은 하늘의 뜻에 맡길 수 있어 얼마나 다행인가'라는 것이다. 사람에게 주어진 운명에는 면제의 뜻이 있음을 밝힌 혜안이라 하지 않을 수 없다.

이처럼 사람에게는 명이 주어져 있으니, 자루를 틀어 묶어 자기 천명의 경계를 둘러침으로써 사람이 강해질 수 있다. 그리하여 자기 우주의 중심을 굳건히 세움으로써 나의 우주를 완성할 수 있는 것이다. 이때 사람은 자기 우주의 왕이 될 수 있다.

황색 치마를 입은 상이로다. 으뜸으로 길하리라.

黃裳 元吉

〈곤괘〉 5효사

윗 글은 서두에 제시한 〈곤괘〉 4효사에 뒤이어 등장하는 〈곤괘〉 5효사다. 여기서 '황색'은 황제를 상징하는 색깔이다. 고대에 황색 치마는 황제만이 입을 수 있는 옷이다. 그러므로 "황색 치마를 입은 상"이라는 말은 군자가 곤의 도를 4단계까지 충실히 따를 경우 그 절정인 5단계에 이르면 자기 우주의 왕이 될 수 있음을 말하는 것이다.

이렇게 해서 사람은 앞서 건의 도 5단계에서 비룡에 오른 후 이제 곤의 도 5단계에서 왕의 자리에 오름으로써 비로소 자기 인생을 완성하게 되는 것이다. 그리고 이처럼 자기 우주의 중심을 굳건히 세움으로써 나의 우주를 완성하고, 내가 그 중심에 왕으로서 우뚝 섰을 때, 나의 장단이 울려 퍼지는 우주에서 사람들은 나를 중심으로 돌아가며 춤을 추는 것이다. 이러한 나의 우주(인생)를 완성하는 것이 바로 나의 천명이다.

이상이 하늘이 계시한 인생의 전형이다. 하늘은 사람의 인생살이가 이러한 과정을 거친다고 보는 것이다. 사람이 곤의 도를 달성하여 5단계 왕의 자리에 올랐을 때 비로소 "으뜸으로 길할 것"이라 말하고 있다. 앞서 건의 길 5단계에서는 이와 같은 말이 없었다. 이는 외형 성장의 절정인 비룡으로 인생이 완성되는 것이 아니라 곤의 길을 통해 내면의 가치를 완성해야 함을 뜻한다. 역경의 근본 과제인 '성성존존'을 이루어야 하는 것이다.

그러기 위해서는 자신의 장이 무엇인지 정립하고 머금음으로써 자신의 천명을 뚜렷이 세워야 한다. 그리고 자루를 틀어 묶음으로써 천명의 경계를 둘러쳐야 한다. 이처럼 자루를 틀어 묶어서 경계를 둘러치라는 것이 역경 계시의 특색이므로 이는 중요한 지점이다. 하늘의 계시는 그렇게 해야만 자기 인생을 완성해서 그 절정에 도달할 수 있다고 가르치는 것이다. 그 이유는 앞서 설명했듯이 인간은 무한을 감당할 수 없기 때문이다. 예를 들어 천명의 경계를 둘러쳐야 비로소 허물이 없을 수 있다. 만약 경계가 없다면 무엇을 기준으로 과오를 평가할 것인가?

이와 같은 역경의 계시가 시사하는 바는 '오십에 이른 사람이 여전히 좌고우면하고 회의주의에 빠져 있어서는 곤란하다'는 것이다.

앞서 소개한 〈곤괘〉 1효사는 "서리를 밟고 있으니 굳은 얼음이 어는 때도 이르리라" 했다. 이는 곤의 도 1단계에서라면 앞으로 굳은 얼음이 어는 때도 찾아올 것이라는 사실을 잊지 말라는 경계의 의미였다. 하지만 이제 곤의 도가 4단계와 5단계에 이르면 굳은 얼음이 얼게 해야 하는 때가 된다. 자루를 틀어 묶는 것이 바로 굳은 얼음이 얼게 하는 것이다.

이렇게 사람이 오십에 이르면 장을 중심으로 자신의 내면을 스스로 단단하게 굳혀야 한다. 그래야 오십의 소임을 다할 수 있다.

오십은 자신의 할 일이 어디까지인지 스스로 한계를 설정하고 둘러쳐야 한다. 그래야 자기 확신을 갖고 흔들림이 없을 수 있고, 사람이 강해질 수 있다. 그 힘으로 내면의 가치를 완성할 수 있는 것이다. 그때라야 사람은 내 인생의 주인, 주체로 바로 설 수 있다. 그렇지 않으면 끊임없이 휘둘리는 삶을 살게 될 것이라는 말이기도 하다.

오십은 좋든 싫든 장(長)이 되는 나이다. 오십 대를 장년(長年)이라 하는 것은 '장이 되는 나이'라는 뜻이다. 장은 소우주의 중심축 노릇을 하는 사람이며, 주변인들이 의지할 수 있는 사람을 이르는 말이다. 이러한 중심축이 흔들린다면 님의 우주에서 님의 장단에 맞추어 춤추던 사람들은 의지할 바를 잃고 어쩔 줄을 모르게 된다. 사람이 어쩔 줄을 모르는 것이 가장 힘든 상황이다.

오십이 얼마나 막중한 나이인가? 오십은 주변의 중심을 잡아 주어야 하는 나이이며, 주변인들이 의지할 수 있는 나이여야 하는 것이다. 장(長)이라고 해서 꼭 거창하지만은 않다. 부모는 자식의 의지처가 되어 주어야 한다. 자기 우주의 장은 누구도 아닌 나인 것이다.

거꾸로 이런 막중한 책임감이 부담과 압박으로 느껴진다면 자루를 틀어 묶는 '괄낭'을 생각하시기 바란다. 사람은 자신의 할 일이 어디까지인지 스스로 한계를 설정하고 경계를 둘러침으로써 강해질 수 있다. 이를 통해 오십이라는 막중한 나이를 감당할 수 있다는 것이 또한 역경의 조언이다.

변화는 변치 않는
하나를 위한 것이다

· 불변 ·

공자가 말씀하시길
역이란 비추는 것이고
변하여 바뀌는 것이고,
바뀌지 않는 것이다.

孔子曰 易者 易也 變易也 不易也
공자왈 역자 역야 변역야 불역야

《역위·건착도(易緯·乾鑿度)》

이 세상의 모든 존재는 끊임없이 변하고 있다. 역경 역시 때
에 맞추어 그에 합당하게 변해야 한다고 가르친다. 군자가 인생
여행 중 새로운 길로 접어들었을 때는 그에 합당하게 변해야 하

는 것이다. 하지만 변치 않는 하나가 없이 계속 변하기만 한다면 그것은 아무것도 아니다. 변화는 필요하지만, 변화가 필요한 이유는 변치 않는 하나를 위한 것이다.

사실 사람에게는 변치 않는 하나에 대한 본능적인 염원이 있다. 이 때문에 사람들은 밤하늘의 별을 끊임없이 노래하며 찬탄하는 것이다. 별이 언제나 거기에 있기 때문이다. 사람은 이처럼 한결같이 거기 있는 존재를 언제나 찬탄한다. 그 이유가 무엇일까?

거기에는 불안감이 잠재해 있기 때문이다. 사람들은 이 세상이 덧없이 변한다고 느끼며, 자신이 물결치는 대로 표류하고 있다고 느낀다. 그리고 이는 불안을 야기한다. 이 세상이 덧없는 세상이면 거기서 살아가는 나 또한 아무 의미 없는 존재가 된다. 이 때문에 '정말 이 세상이 아무 의미 없는 곳이면 어쩌나' 하는 일말의 불안이 잠재해 있는 것이다.

인생사가 덧없다는 생각이 든다면

사람은 의미 없는 삶과 의미 없는 세상을 견디지 못한다. 사람이 지닌 이러한 불안은 매우 근본적인 것이다. 그래서 사람은 변치 않는 하나를 염원하며 찬탄하는 것이다. 서두의 공자의 말씀은 이러한 사람들의 불안에 대한 대답이라 할 수 있다.

"역이란 변하여 바뀌는 것"이라는 공자의 말씀은 역이 전개한 이 세상이 늘상 변하여 바뀌는 곳이라는 의미다. 하지만 동시에 "역이란 바뀌지 않는 것"이라 했다. 역이 전개한 이 세상은 늘상 변하여 바뀌기만 하는 것이 아니라 바뀌지 않는 것이 또한 있다는 말씀이다.

이는 바로 은나라 점인들이 확인한 사항이다. 앞서 은나라의 점인들은 갑골점을 통해 하늘의 뜻을 계시받고는 그 점괘가 맞아 들어가는지를 확인하고자 이 세상을 면밀히 관찰했다고 말씀드렸다. 그와 같은 노력을 대를 이어 가며 계속한 결과, 점인들은 '역사'를 탄생시키기에 이르렀다. 점친 결과를 기록하고 보관했던 점인의 역할이 그대로 역사 기록을 담당하는 사관의 역할로 이어졌던 것이다.

이렇게 점을 통해 하늘의 뜻을 계시받고 그 결과를 확인하는 과정을 거친 끝에, 즉 이 세상 돌아가는 것을 계속 관찰한 끝에 점인들은 이 세상이 덧없는 세계가 아님을 발견했다. 이 세상은 온갖 변화를 통해 변치 않는 하나(하늘의 뜻)를 구현해 가고 있음을 발견한 것이다. 그러한 이 세상의 전개 법칙이 바로 역(易)

이다.

결국 이 세상은 하늘의 뜻이 점점 실현되고 있는 공간이다. 하늘의 뜻은 이 세상을 통해 드러나며, 여기에 이 세상의 의미가 있다. 이 세상은 하늘의 마음이 드러나는 하늘의 몸인 것이다.

물론 이와 같은 결론은 긴 시간을 두고 볼 때 확인할 수 있는 것이다. 단기적으로는 변칙과 예외가 속출한다. 이 때문에 은나라에서는 역사 기록이 매우 중요해졌다. 긴 시간을 두고 관찰한 역사 기록을 곁에 둠으로써 영원의 추세를 확인하고, 변칙과 예외에 흔들릴 수 있는 인간의 덧없는 욕심을 경계하고자 했던 것이다.

이처럼 은나라의 점인들이 이 지상 세계에 영원의 추세가 존재한다는 사실을 발견한 것은 오늘을 사는 현대인들에게도 큰 희망을 준다.

역이 펼쳐 가는 이 세상은 늘상 변하여 바뀌는 곳이지만, 그러한 변화는 변치 않는 하나(하늘의 뜻, 영원의 추세)를 구현하기 위한 것이다. 이 세상은 온갖 변화를 통해 변치 않는 하나를 구현해 가고 있는 것이다. 그러므로 이 세상은 덧없는 세상이 아니고, 나는 덧없는 존재가 아니다. 역경이 가치 있는 이유, 이 세상이 살 가치가 있는 이유, 사람의 인생이 가치 있는 이유는 이 때문이다.

오십에 이른 님의 인생은 그동안 많은 굴곡을 거쳐 왔을 것이다. 그 굴곡진 인생에서 변치 않는 가치가 무엇이었는지, 추구해 온 가치가 무엇이었는지 그걸 확인하고 분명하게 정립하는 것이 장을 머금는 것이다. 사람마다 변함없이 추구해 온 가치가 분명히 있다. 사람의 인생이란 만만한 게 아니어서 변치 않는 가치가 없다면 살아지지 않는다. 이걸 놓치고 만 사람들은 삶도 놓고 마는 것이다. 이처럼 자신에게 있어 변치 않는 가치가 무엇인지 분명하게 정립해야 후반생을 살 수 있고, 나의 성(性)을 이룰 수 있다.

불변응만변,
달의 마음으로 살아라

하지만 동시에 변화의 소중함도 잊지 말아야 한다. 아이가 변하지 않으면 어른이 될 수 없고, 남녀가 변하지 않으면 부부를 이룰 수 없다. 이처럼 사람은 변화를 수용함으로써 성장할 수 있다. 변화를 수용함으로써 자신의 성을 이룰 수 있는 것이지, 이를 거부한다면 사람은 좁은 자아에 갇힌 채 정체하고 퇴보하고 만다.

그런데 이처럼 필요한 변화를 수용하는 것과 불변의 가치를 지키는 것은 서로 상충하는 면이 있어서 양자를 조화하기가 쉽지 않다. 어떻게 양자를 조화할 수 있을까? 그것은 달의 마음이어야 한다.

은나라 사람들은 이상적인 상징을 달에서 발견했다. 달은 때에 맞추어 기꺼이 모습을 바꾸지만 언제나 변함없이 떠올라 밤길을 비추어 준다. 전통 시대에 달은 밤길을 밝히는 조명이면서 시간을 알려 주는 시계요, 달력이었다. 뱃사람들에게는 물때도 알려 주었다. 인류의 절반인 여성의 생리 현상도 달이 차고 이지러지는 주기와 일치해서 월경(月經), 즉 달거리라고 부른다.

상상해 보라. 고대인에게 달이 어떤 존재였겠는가? 우선 고대인들이 숭배했던 하늘이 낮의 하늘이 아닌 밤하늘이었다는 사실을 생각해야 한다. 가만히 생각해 보면 그 이유를 알 수 있다. 오늘날에도 시와 노래에서 찬양되는 하늘은 낮 하늘이 아닌 밤하늘이다.

저 달이 잠에 들면
함께했던 푸른빛이 사라져

오늘도 난 적당히 살아가

발맞춰 적당히 닮아가

태양은 숨이 막히고

세상은 날 발가벗겨놔

방탄소년단(BTS)의 노래 〈네: 시〉에 등장하는 가사다. 달빛 속에선 온 세상이 푸르다. 하지만 해가 뜨면 그 푸른빛이 사라지고 사람은 일상에 내몰려야 한다. 인류에겐 밤이 일상에서 벗어나 신비가 펼쳐지는 시간인 것이다.

인공조명이 없던 전통 시대에는 밤이 찾아오면 머리 위로부터 천지사방 눈 닿는 곳이 모두 별이다. 하늘은 완벽한 천구를 이루어 땅과 만물을 감싼다. 사람은 경외감에 차서 하늘을 올려다본다. 이처럼 밤은 땅이 아닌 하늘이 주가 되는 시간이다. 그리고 그 밤하늘에 달이 떠 있다.

달은 하늘에 떠 있는 천체 중에서 인간의 눈에 그 얼굴을 보여 주는 유일한 천체다. 달빛은 별빛과 또 다르다. 달은 어두운 밤하늘에 한결같이 떠올라 손을 뻗으면 닿을 것 같은 거리에 있다. 그곳에서 은은하고 인자한, 그러면서도 한없이 신비한 빛을 비추는 것이다.

은나라 사람들은 변치 않는 항상됨의 도(道)를 숭상했는데, 해당 괘의 이름이 항아(恒我)였다. '나를 항상되게 한다'는 뜻인데, 그 안에는 '달의 마음으로 나를 항상되게 한다'는 의미가 담겨 있다.

갑골문   금문

[그림 13] 恒의 갑골문과 금문

항(恒)은 '항상'이나 '늘'이라는 뜻을 가진 글자인데, 현재의 恒 자는 心(마음 심)과 亘(걸칠 긍)이 합쳐진 모습이다. 亘은 하늘과 땅 사이에 해가 변함없이 떠오르는 모습을 형상화한 것이다. 그런데 이는 후세에 이미지가 변경된 것이고, [그림 13]에서 원래 恒 자의 갑골문을 보면 해가 아니라 반달이 하늘과 땅 사이를 잇고 있는 모습이다.

이는 달이 때에 맞추어 주기적으로 차오르고 줄어들며 자신의 모습을 바꾸지만 언제나 거기에 떠 있고, 시기를 어기지 않으며 언제나 한결같은 하나의 원칙을 따르는 모습을 형상화한 것이다. 또한 이렇게 하면 하늘과 땅 사이를 이을 수 있음을 의미한다. 그러다가 금문에 이르면 여기에 心 자가 더해지면서 '달처럼 항상된 마음'을 뜻하게 된 것이다.

이를 통해 은나라 사람들이 숭상했던 항아(恒我)의 도는 '달의 마음으로 나를 항상되게 한다'는 의미임을 알 수 있다. 이처럼 은나라에서는 달을 숭상했고, 또한 은나라 자체가 모계 사회이기도 했다.

하지만 부계 사회인 주나라의 무왕이 은나라를 멸망시킨 후 달에 대한 격하가 일어난다. 주나라는 은나라 점인들을 유폐했고 하늘에 대한 제사를 금지시켰다. 그리고 나서 恒 자의 달은 해로 바뀌어 버린다.

흥미로운 점은 서양에서도 부계 사회가 확립되며 달을 격하하는 동일 현상이 나타난다는 사실이다. 서양에서는 보름달이 뜨는 날 뱀파이어가 사냥감을 찾아 나서고 늑대 인간이 울부짖는다. 우리나라와 달리 보름달이 불길한 상징인 것이다. '달과 같다'는 뜻의 단어 'lunatic'은 '미친, 정신 이상자'라는 의미를 갖는다. 이처럼 서양에서는 달에 대해 부정적인 이미지가 강한데, 이러한 관념은 모두 부계신을 모시는 기독교가 확립된 이후에야 생겨난 것이다.

그 결과 오늘날 전 세계에서 달을 숭상하는 문화는 주류가 아니다. 은나라와 동일하게 이족의 한 지파인 우리 민족은 여전히 달을 숭상하는데 이는 세계적으로 드문 케이스인 것이다. 우리의 어머니들은 여전히 정화수를 떠 놓고 달에게 소원을 빈다. 아이들은 달을 노래하는 동요를 듣고 부르며 자란다.

그룹 BTS는 음악이 다른 언어와 문화를 넘어 온 인류에게 닿을 수 있음을 보여 주어 진한 감동을 안겼다. 그런데 필자에겐 BTS가 방탄소년단이라기보다 '달빛소년단'처럼 느껴진다. 앞서 소개한 노래 외에도 여러 노래에서, 또 SNS에서 달에 대해 말해 왔다. 제목이 〈MOON(달)〉인 노래도 있고, 〈moonchild(달의 아이)〉인 노래도 있다. 〈친구〉의 가사에도 달이 등장하며, BTS의 멤버 RM은 달항아리에 대한 각별한 애정을 표현해서 그 가격을 많이 올려놓기도 했다.

이처럼 여러 노래에서 달을 테마로 삼은 뮤지션을 다른 나라에서는 찾아보기 어렵다. 이 때문에 평소 우리 민족을 달의 민족이라고 생각해 온 필자는 BTS의 이러한 활동에 관심이 가지 않을 수 없었다. 서양의 팬(아미)들이 어떤 반응을 보일까도 관심거리였는데, BTS와 아미가 끈끈한 가족애로 엮여 있기에 달에 관한 비유 역시 멋지게 수용하는 것으로 보인다.

갑골문 　　　　　소전 　　　　　해서

[그림 14] 易의 갑골문과 자형의 변천

　[그림 14]는 역(易)의 갑골문과 이후의 자형 변천을 보여 주는데, 이 또한 달이었던 것이 나중에 해로 바뀌어 버렸다. 이 때문에 오늘날에 이르기까지 학자들은 易 자의 어원이 무엇인지 알수 없어서 여러 가지 의견이 분분했다. 하지만 갑골문을 보면이는 달빛이 비추는 모습임을 알 수 있다.

　그러므로 易 자의 원형적 의미는 '달빛의 비추임'인데, 달빛이때에 맞추어 스스로 모습을 바꾼다는 측면에서 '바꾸다'라는 의미가 나오는 것이다. 역이란 '비추는 것[易也]'이라고 할 때 易자는 이와 같은 원형적 의미로 쓰인 것이다.

　이러한 취지를 반영하여 서두의 문장을 풀이하면, 역이란 달빛이 비추듯 세상을 비추어 인도하는 법칙이고, 그러한 달빛이때에 맞추어 스스로 모습을 바꾸듯 변해야 할 때는 변화를 받아들여 바꿀 줄 알아야 하는 것이고, 그러면서도 달빛이 언제나 변함없이 떠올라 밤길을 비추어 주고 안내해 주듯 한결같은 마음을 지녀야 한다는 것이다.

불변응만변(不變應萬變)은 '불변은 만변에 응한다'는 뜻이다. 풀이하면 불변은 만변을 두려워하지 않으며 만변에 기꺼이 응할 수 있다는 말이다. 이 다섯 글자는 역경의 철학을 함축한 글로서 변화에 대처하는 군자의 자세를 표현하는 말로 많이 쓰인다. 백범 김구 선생이 1945년 해방을 맞아 귀국하기 바로 전날 저녁에 이 문구를 써서 남긴 족자가 전하고 있다.

이와 같은 불변응만변의 자세라면 서로 상충하는 변화의 가치와 불변의 가치를 조화할 수 있다. 변치 않는 하나의 원칙으로 만변에 응하는 것이고, 기꺼이 만변에 응하면서도 변치 않는 하나의 원칙을 지키는 것이다. 이렇게 변치 않는 중심을 확립할 때 존재는 만변에 응할 수 있다. 중심이 확립되지 않으면 도리어 만변에 응할 수 없다. 변화에 응하다가 자신이 무너질까 두렵기 때문이다.

단, 그 중심이 소아(小我)가 아닌 달의 마음이어야 한다. 자신의 이익에만 집착하는 마음이라면 어떻게 만변에 응할 것인가. 한결같음의 도를 상징하는 괘의 이름이 恒我(항아)였다는 것은 달의 마음으로 나의 에고[ego, 我]를 비추어 자아에 대한 집착을 없이 하라는 뜻이다. 자신의 모습에 집착하지 않는 달의 마음을 가질 때라야 기꺼이 만변에 응할 수 있는 것이다.

제3장

처신이 바르면 천하를 다스릴 수 있다

오십의 경륜

배를 잘
골라서 타라

· 개운 ·

사람이 아닌 사람에게는 말을 섞지 말아야 한다.
군자가 정(貞)하면 크게 가고 작게 오니 불리하리라.

否之匪人 不利君子貞大往小來
비지비인 불리군자정대왕소래

〈비(否)괘〉 괘사

역경의 12번째 괘인 비(否)괘는 군자가 기가 막힌 상황에 처했을 때의 대응법에 대해 조언한다. 이러한 상황은 사람이 아닌 사람이 상황을 주도할 때 초래되기 때문에 괘사에서 사람이 아닌 사람에게는 말을 섞지 말아야 한다고 조언하는 것이다.

역경에는 비인(匪人)이라 하여 사람이 아닌 사람이 등장한다. 역경이 이 세상을 보는 관점은 주인공인 군자가 대인과 소인, 그리고 또 비인으로 이루어진 세계를 살아가고 있다는 것이다. 자신의 이익에만 집착하는 소인을 넘어 사람이 아닌 사람에 이른 지경의 비인이 이 세상에 또 있으니, 그들과는 아예 말을 섞지 않는 것이 최선의 대응이라는 것이다.

이러한 역경의 조언이 존재한다는 것은 우선 우리가 일상적으로 비인과도 말을 섞는 실수를 흔히 저지르고 있음을 의미한다. 왜 그럴까? 원효대사의 가르침대로 일체의 모든 것은 오직 나의 마음이 지어내는 것이고, 나의 마음에 의해 지탱되기 때문이다.

작게 줘도 크게 갚는 사람과 함께해야 한다

사람은 언제나 나의 마음을 기준으로 상대를 바라보며, 나의 마음에 따라 상대의 모습을 바꾸어서 본다. 그래서 흔히 마음이 선한 사람들이 비인에게 속아 사기를 당하는 경우를 보게 된다. 또는 상대를 설득할 수 있을 것으로 생각하거나, 사정을 간곡히 설명하면 말이 통할 것으로 생각한다. 하지만 역경은 비인과는 말을 섞지 않는 것 외에 다른 어떤 시도도 바람직하지 않다고 조언한다.

더불어 말을 나눌 만한 사람인데 더불어 말을 나누지 않으면 사람을 잃게 되고, 더불어 말을 나눌 만하지 않은 사람인데 더불어 말을 섞으면 할 말을 잃게 된다.

可與言而不與之言 失人 不可與言而與之言 失言

《논어·위령공》 7장 1절

가죽끈이 세 번 끊어지도록 역경을 읽었던 공자의 가르침은 많은 대목에서 역경과 일맥상통한다.

위 가르침에서 더불어 말을 나눌 만하지 않은 사람이 바로 비인이다. 이런 비인과 더불어 말을 섞으면 결국 할 말을 잃게 된다는 것이다. 오십쯤 되었으면 이런 경험을 누구나 해 보지 않았을까? 이 때문에 역경은 사람이 아닌 사람에게는 아예 말을 섞지 않는 것이 최선의 대응법이라 조언하는 것이다. 말을 섞어 봐야 결국 기가 막혀서 할 말을 잃게 될 뿐이기 때문이다.

역경은 군자가 기가 막힌 상황에 놓이는 비괘와 정반대 상황에 대해서도 조언하고 있으니, 11번째 괘인 태(泰)가 그것이다.

태(泰)의 경우에는 작게 가고 크게 오니 길하며 형통하리라.

泰 小往大來 吉 亨

<태(泰)괘> 괘사

여기서 태란 모임에 속한 구성원 서로 소통이 원만하고 일 처리가 원활해서 태평한 경우를 말한다. 모임의 구성원들이 공자가 말한 "더불어 말을 나눌 만한 사람"들인 경우라고 할 수 있다.

역경은 이러한 상황이 조성되면 작게 가고 크게 오니 길하며 형통하다고 한다. 이는 무언가 자기 것을 내주면 그보다 더 큰 것이 돌아온다는 말이다. 태의 경우는 말이 통하는 사람들과 함께하기 때문에 시너지가 나며 상생이 가능한 상황이다. 이때는 군자가 자꾸 내줘야 한다. 내주면 내줄수록 더 큰 것이 되어 돌아오기 때문이다.

이와 대조적으로 비의 경우에는 군자가 정(貞)하면 크게 가고 작게 오니 불리하다 말한다. 여기서 군자가 정하다는 말은 '군자가 곧이곧대로 한다'는 뜻이다. 상대가 비인인 줄을 모르고 군자가 원래 하던 대로 곧이곧대로 행동하는 것이다. 그래서 자기 것을 자꾸 내주면 주는 것은 많은데 돌아오는 것은 별로 없다는 말이다. 그러므로 비인을 상대할 때는 그렇게 하지 말라고 경계하는 것이다.

사람은 이 세상을 사는 동안 여러 모임에 속해서 살아가기 마련이니, 역경의 이와 같은 조언은 중요한 의미가 있다. 우리가 속한 모임 중에는 태의 공동체도 있고 비의 공동체도 있기 때문이다.

우리가 배 젓기 경주를 한다고 생각해 보자. 경주에서 이길 수 있는 비결은 무엇일까? 승리의 비결은 '얼마나 열심히 노를 젓는가'가 아니라 '어떤 배를 선택해서 올라타느냐'에 있다. 무거운 배에 올라탄다면 아무리 열심히 노를 저어도 속도가 나지 않는다. 그러므로 작게 가고 크게 오는 태의 공동체라는 배에 올라타야 한다. 태의 공동체에서는 작게 노력해도 큰 성과로 돌아온다. 그 때문에 "길하며 형통할 것"이라 말하는 것이다. 반면 비의 공동체에서는 큰 노력을 기울여도 작게 돌아올 뿐이니 시간이 지날수록 일은 어그러져 간다. 노력을 기울이면 기울일수록 더 빨리 망가질 뿐이다.

결국 어떤 일을 잘하고자 하는 사람은 스스로 열심히 노력하는 것보다 자기가 속할 공동체를 잘 선택하는 일이 먼저임을 명심해야 한다. 이것이 일의 선후라는 것이다. 공자가 《대학》 경 1장 3절에서 "어떤 것이 먼저이고 나중인지를 알면 도에 가깝다[知所先後則近道矣]"라고 말한 취지가 이런 경우라고 할 수 있다.

인생의 가치와 보람을
느끼는 곳으로 가야 한다

사람은 사는 동안 많은 사람을 만나고 여러 공동체에 속하게 된다. 만나는 사람 중에는 비인이 섞여 있고, 공동체 중의 대략 절반은 비의 공동체라고 할 수 있다. 그러니 지금 내가 속한 공동체가 어느 쪽인지를 판단하는 것이 최우선 순위가 되어야 한다.

하지만 살아가는 동안 이 같은 현실을 직시하는 것은 쉽지 않다. 그 이유는 앞서 말한 바와 같이 나의 마음을 기준으로 보기 때문이기도 하고, 또 한편으로는 역시 사람이 삼양이음의 존재라 기본적으로 희망 과잉 상태에 놓여 있기 때문이다. 그 덕분에 아무리 절망적인 상황에서도 희망을 부여잡고 다시 일어설 수 있지만 부정적인 현실을 직시하지 못하는 부작용도 있다.

우리는 부정적인 현실에 나의 희망을 섞어서 인식하기 때문에 우리가 속한 공동체가 비의 공동체라는 사실을 인식하기 쉽지 않다. 얼핏 인식하더라도 거기에 희망을 섞어 앞으로 좋아질 것이라고 막연히 믿으며 참고 견딘다. 하지만 이는 문제가 된다.

공자가 말씀하시기를, 선한 사람과 함께하는 것은 지초와 난초가 있는 방에 들어간 것과 같아서 오래되면 향기를 맡지 못하니, 그 향기에 동화되기 때문이다.

선하지 못한 사람과 함께하는 것은 절인 생선 가게에 들어간 것과 같아서 오래되면 그 악취를 맡지 못하니, 또한 그 냄새에 동화되기 때문이다.

붉은 주사를 지닌 사람은 붉어지고, 검은 옻을 지닌 사람은 검어지게 되니, 군자는 반드시 그 함께하는 자를 삼가야 한다.

子曰 與善人居 如入芝蘭之室 久而不聞其香 卽與之化矣 與 不善人居 如入鮑魚之肆 久而不聞其臭 亦與之化矣 丹之所藏 者赤 漆之所藏者黑 是以 君子必愼其所與處者焉

《명심보감·교우》

비의 공동체에 속한 사람은 절인 생선 가게에 들어간 것과 같아서 오래되면 그 냄새에 동화되어 악취를 맡지 못하게 되는 것이다. 그는 이제 무감각한 상태로 일상을 살아가게 된다.

이에 대해 역경은 경고하고 있다. 비의 공동체에 속한 사람은 내주는 것은 많은데 돌아오는 것은 별로 없다. 그러므로 시간이 흐르면 흐를수록 그의 삶은 침체에 빠진다. 하지만 무감각해진 그는 그 이유를 알지 못할 것이다. 결국 '삶이란 원래 이런 것인 가 보다', '내 운명은 이런 것인가 보다' 하고 체념과 절망에 빠진 채 무기력하게 살아갈 수 있다.

태의 공동체는 이와 반대다. 태의 공동체에 속한 사람은 지초와 난초가 있는 방에 들어간 것과 같으니 역시 오래되면 그 향기에 동화되어 향기를 맡지 못한다. 그의 몸에 향기가 배어드니 그의 몸에서도 언제나 좋은 향기가 나지만 그는 이를 느끼지 못하며 역시 무감각한 상태로 일상을 살아간다.

이에 대해 역경은 말한다. 태의 공동체에 속한 사람은 작게 가고 크게 오니 길하며 형통하다고. 태의 공동체라면 작게 노력해도 큰 성과로 돌아오니 시간이 흐르면 흐를수록 그의 삶은 향상된다. 하지만 무감각해진 그는 역시 그 이유를 알지 못할 것이다. 결국 '삶이란 원래 이런 것인가 보다', '나날이 향상되며 즐거운 것인가 보다' 하고 의욕과 희망을 안고 즐겁게 살아갈 것이다.

머무르며 애쓸 곳이 아닌데 그리하면 이름이 필시 욕됨이 있고, 의지할 것이 아닌데 의지하면 몸이 필시 위태롭게 된다.

非所困而困焉 名必辱 非所據而據焉 身必危

〈계사하전〉 5장

역경이 경계하는 바와 같이 만약 현재 내가 속한 곳이 비의 공동체라면 무슨 일을 이루려고 애쓸 것이 아니라 나를 지키는

데 주력해서 소극적으로 대응해야 한다. 특히 상대가 비인일 경우라면 아예 말을 섞지 말아야 한다. 태의 공동체에서라면 가만히 있지 말고 적극적으로 내주며 교류에 나서야 한다.

그런데 자칫 흥분할 경우 이를 반대로 할 수 있음에 유의해야 한다. 비의 공동체에서 드잡이 싸움을 벌이느라 시간과 에너지의 대부분을 쓰는 경우가 있는 것이다. 문제는 사람의 시간과 에너지가 한정된 자원이라는 사실이다. 나이 오십이라면 더욱 그렇다. 비의 공동체에서 대부분을 써 버리면 태의 공동체에는 소홀할 수밖에 없다. 정작 태의 공동체가 인생의 가치와 보람을 창출할 수 있는 곳인데 비의 공동체에서 싸우느라 대부분의 시간을 보내고 태의 공동체를 잃는 우를 범하는 것이다.

역경이 "말을 섞지 말라"고 조언하는 데에는 이러한 이유가 있다. 그러므로 군자가 비의 상황에 놓였다면 유념하고 또 유념할 일이다. 반대로 자신이 태의 공동체에 속해 있다면 행운을 만났음을 잊지 말고, 태의 공동체를 이루어 준 선한 사람들에게 감사함을 잊지 않도록 해야 한다. 지초와 난초의 향기에 익숙해져서 감사할 줄 모르게 되는 경우도 많기 때문이다.

나이 들수록 인간관계에
현명하게 처신하라

· 기미 ·

기미를 아는 것, 그것은 신묘하도다. … 기미라는 것은 미세한 움직임
으로 길한 결과를 먼저 드러내는 것이다. 군자는 기미를 보고서 지으
니 날이 다 저물어 버리도록 기다리기만 하는 일이 없다.

知幾 其神乎 … 幾者 動之微 吉之先見者也 君子見幾而作 不俟終日
지기 기신호 … 기자 동지미 길지선현자야 군자견기이작 불사종일
〈계사하전〉 5장

역경은 일의 결과가 길할 것이다, 흉할 것이다 끊임없이 말하
고 있는데, 만약 그와 같은 미래의 길흉이 확고하게 결정된 것
이어서 사람은 그저 받아들이는 수밖에 없다고 한다면 그 의미
가 반감하고 말 것이다. 하지만 역경이 더 의미 있는 것은 사람

의 생각과 행동이 미래의 길흉에 영향을 미친다는 사실을 발견했기 때문이다. 역경에서 매 단계의 변화를 설명하는 구절에는 '~면 길할 것이다', '~면 흉할 것이다'라고 나온다. 이처럼 역경은 길흉에 대해 언급하지만 그것을 무기력하게 받아들일 수밖에 없는 불가항력이라고 말하지 않는다. 오히려 "길흉회린은 행동에서 생겨나는 것[吉凶悔吝者 生乎動者也]"(〈계사하전〉 1장)이라고 말한다. 내가 선택한 행동에 따라 길흉이 달라진다는 뜻이다.

기미를 포착할 줄 알아야 한다

앞 글에서 태와 비의 경우 자기의 처신에 따라 결과가 어떻게 달라지는지를 생각해 보면, 길흉이 나의 행동에 따라 달라진다는 말을 이해할 수 있다. 특히 군자는 서두에서 역경이 조언하는 바와 같이, 기미를 보고서 자신의 행동을 결정짓기 때문에 허망하게 날이 다 저물어 버리도록 기다리기만 하는 일이 없다.

역경의 16번째 괘인 예(豫)괘 2효사에는 이런 조언이 나온다.

끼어듦이 돌에 이르렀으니, 하루가 다 저물어 버리도록 정(貞)

하지는 말아야 길하리라.

介于石 不終日貞吉

또한 이와 관련하여 〈계사하전〉 5장에도 조언이 나온다.

끼어듦이 돌에 이르렀다고 하면 어찌 하루가 다 저물어 버리도록 용을 쓰겠는가, 중단해야 함을 알아야 하리라.

介如石焉 寧用終日 斷可識矣

역경에서 돌은 무정한 존재로 거기에 아무리 노력을 기울여 봐야 성과가 나지 않는 대상을 상징한다. 아무리 사람이 정(貞)해야 한다고 하지만, 대상이 무정한 돌이라면 날이 다 저물어 버리도록 기다리기만 해서는 길할 수 없는 것이다.

원래 모든 일에는 자체의 결이 있어서 미세한 움직임을 통해 그 결과가 길할지 흉할지를 먼저 드러내는 법이다. 이처럼 결과의 길흉을 먼저 드러내는 미세한 움직임이 기미인 것이다. 일찍이 율곡 이이는 역경을 읽는 법에 대해 다음과 같이 조언했다.

다음에 역경을 읽어 길흉과 존망, 진퇴, 소장의 기미를 일일이 관찰하고 즐겨서 끝까지 연구해야 할 것이다.

次讀易經 於吉凶存亡進退消長之幾 一一觀玩而窮硏焉

《격몽요결·독서장》 11절

역경을 읽을 때 그냥 읽고 끝내는 것이 아니라 현실에서 기미를 관찰하기를 즐겨야 한다는 것이다. 역경은 인생사의 매 경우를 64가지로 나누어 각각의 경우에 일이 어떤 식으로 흘러갈지를 서술한다. 또한 그런 결과를 암시하는 기미가 무엇인지도 서술한다. 그러므로 율곡의 조언은 역경을 읽고 나서 이를 토대로 현실에서 내가 처한 상황의 기미를 포착하도록 힘쓰라는 것이다. 기미를 포착하면 앞으로 전개될 나의 길흉과 존망, 진퇴, 소장의 추세를 알게 되어 그에 맞게 대처할 수 있다는 것이다.

이 기미라는 것은 은미하게 나타나므로 그저 스쳐 지나가는 사람들의 눈에는 잘 드러나 보이지 않는다. 하지만 군자라면 기미를 볼 줄 알아야 하고 또 볼 수 있다는 것이다. 율곡의 조언에 따라 역경을 공부하고 기미 관찰을 즐기는 사람이라면 제대로 포착할 수 있다.

일의 기미를 살핌이 치밀하지 못한 즉 성취에 해를 끼친다.

幾事不密則害成

〈계사상전〉 8장

오직 기미를 살피는 연고로 능히 천하의 책무를 달성할 수 있는 것이다.

唯幾也故 能成天下之務

〈계사상전〉 10장

사람이 나이 오십에 이르면 인생 경륜이 있다는 말을 들을 수 있어야 한다. 역경이 "오직 기미를 살피는 연고로 능히 천하의 책무를 달성할 수 있다"라고 조언하는 것은 경륜의 요체가 기미를 살필 줄 아는 지혜에 있다고 설파하는 것이다. 그러하니 사람이 나이 오십에 이르면 무엇보다 기미를 살핌에 힘쓸 일이다.

마음을 쏟아야 할 때,
의리를 지켜야 할 때를 구분하라

이 세상의 기미를 관찰한다고 할 때 가장 기본이 되고, 또 가장 중요한 것은 지금 내가 만나는 사람이 대인, 소인, 비인 중 누구인가를 보아 내는 것이다. 군자가 대인을 만나서 도움을 받을 수 있다면 그 이로움은 말로 다 헤아릴 수 없다. 이 때문에 대인은 흔히 귀인(貴人)으로도 불린다. 반면 내가 만난 사람이 비인인데 기미를 알아채지 못하면 기가 막힌 꼴을 보게 된다.

사람의 기미를 관찰하는 것에서 한 걸음 더 나아가면, 역시 내가 속한 모임이나 공동체의 기미를 관찰하는 것이다. 내가 속한 공동체가 태의 공동체인지 비의 공동체인지를 보아 내서 그에 맞게 대응하는 것이다.

1	2	3	4	5	6	......	27	28	29	30
건	곤	둔	몽	수	송	......	이	대과	감	리

상경의 세계

31	32	33	34	......	59	60	61	62	63	64
함	항	둔	대장	......	환	절	중부	소과	기제	미제

하경의 세계

[표 1] 상경의 세계와 하경의 세계

역경은 아예 이 세상이 하나의 세계가 아니라 상경(上經)의 세계와 하경(下經)의 세계, 둘로 이루어져 있다고 보는데, 대략 비의 공동체로 이루어진 세상이 상경의 세계요, 태의 공동체로 이루어진 세상이 하경의 세계라고 할 수 있다.

[표 1]에서 보는 바와 같이 역경은 상경의 세계와 하경의 세계

를 완전히 구분해서 각기 상경과 하경으로 권을 나누어 따로 편제하는 체제를 취하고 있다. 각각의 세계에 적용되는 도(道)의 특성도 서로 다르다. 양자를 서로 전혀 다른 세계로 본다는 말이다. 그러므로 기미를 통해 보아 내야 할 것은 지금 내가 어느 세계에 속해 있는지를 알아보고 두 세계를 구분해서 살아 내는 것이다.

상경의 세계	난세 (亂世)	규범 미확립	비인, 소인	의(儀)	×
하경의 세계	치세 (治世)	규범 확립	군자, 대인	예(禮)	의(義) (의리, 도의)

[표 2] 두 세계의 구분 기준

하경의 세계는 쉽게 말해 '치세'라고 할 수 있다. 군자와 대인이 주도권을 확립한 세계이며, 그에 따라 규범이 확립된 세계다. 소인은 대세를 따르게 마련이므로 이 세계에서는 소인도 대의를 따르게 된다.

반면 상경의 세계는 '난세'라고 할 수 있으며, 규범이 채 확립되지 못하여 비인이 설쳐 대는 세상이다. 이 세계에서 소인은 비인을 따라 부화뇌동한다.

흥미있는 점은 역경이 예와 의리는 하경의 세계에서만 적용되는 것으로 규정하고 있다는 사실이다.

오늘날은 예의(禮儀)라는 말을 하나의 단어이자 개념처럼 쓰고 있는데, 이는 공자가 우려한 대로 정명(正名)이 무너진 것이다. 예와 의는 일정 부분 겹칠 수는 있어도 서로 구분되는 개념이다. 의(儀)는 '거동, 의식, 법식' 등의 뜻을 가지며, '사람의 올바른 행동거지'를 의미한다. 서양의 에티켓과 같다.

이에 비해 예(禮)는 제단 앞에서 신에게 합당한 예를 다하는 모습을 형상화한 글자로 '(신을) 공경한다'는 뜻을 가진다. 즉 의는 겉으로 표시하는 행동거지의 문제인 데 비해 예는 공경하는 마음, 진실된 마음까지 다해야 하는 것이다.

이러한 사정을 고려하면 역경이 예는 하경의 세계에만 적용되는 것으로 규정하는 이유를 납득할 수 있다. 진실된 마음을 다하는 예는 비인에게 적용할 것이 아니기 때문이다.

군자는 상경의 세계에서도 사람들과 관계를 맺는다. 하지만 마음의 경계를 늦추지는 않는다. 비인이 섞여 있을 수 있기 때문이다. 역경이 "비인과는 말을 섞지 말라"고 할 때 일상적인 대화조차 나누지 말라는 뜻은 아니다. 상대와 말을 섞는다는 것은 상대에게 나의 진심을 드러낸다는 뜻이다. 상대에게 나의 진심이 통할 것이라고 믿는 것이며, 그만큼 상대를 신뢰한다는 뜻이다. 그러므로 공자의 "더불어 말을 나눌 만하지 않은 사람인데 더불어 말을 섞으면 할 말을 잃게 된다"라는 말의 취지는 신뢰할 만하지 않은 사람을 신뢰하여 나의 진심을 드러내면 기 막힌 꼴을 당하게 될 것이라는 뜻이다. 역경이 "비인과는 말을 섞지 말라"고 한 취지도 마찬가지다. 비인에게도 의(儀)를 다함으로써 그를 존중하고 그와의 관계를 원만히 유지해야 하지만, 그를 신뢰하지는 않아야 하는 것이다.

이처럼 역경은 의와 예를 구분해서 인식하고 예의 질서에 무거운 의미를 부여하고 있다. 역경의 내용을 보면, 하경의 세계로 들어갈 때까지 거쳐야 할 단계가 생각보다 많고 시간도 오래 걸린다. 이 정도면 예의 적용을 받는다고 할 법한데도 웬만해서는 허용하지 않는다. 대신 예로 맺어진 관계가 이렇게 어렵게 형성되는 이상, 한번 맺어진 관계를 해소하는 것도 대단히 어렵게 여긴다. 이처럼 예의 질서에는 들어가기도 어렵고, 한번 들어간 이상 나오기도 어려운 것이다.

의리의 문제 역시 마찬가지다. 비인이 섞인 상경의 세상에서는 의리가 적용되지 않는다. 우리는 흔히 의리를 다해야 한다고 말하지만, 그 의리는 하경의 세상에서 다하는 것이지 상경의 세상에는 해당하지 않는다.

비인이 출몰하는 상경의 세상에서 의리를 다하는 것은 위험한 일이다. 필자가 보기에 살면서 큰 곤욕을 치르는 사람 중에는 이 문제를 헷갈린 경우가 많다. 비인이 섞여 있는 상경의 세계에서도 의리를 다해야 한다고 생각하다가 큰 상처를 입는 것이다. 비인일수록 이런 사람을 잘 알아보고 이용하려 들기 때문이다. 그로 인해 인생에서 회복 불가능한 타격을 입고 주저앉는 일도 있기 때문에 주의할 일이다.

결국 진실된 마음은 그리 쉽게 쏟는 것이 아니며, 의리 역시 그리 쉽게 요구되는 것이 아니다. 둘 다 그만큼 무거운 것이기 때문이다. 또한 예와 의리가 적용되는 하경의 세계와 상경의 세계를 구분하는 문제가 얼마나 중대한지 알 수 있다.

우리가 아침에 집을 나서면 순간순간 하나의 관계망에서 또 다른 관계망으로 넘어간다. 그때마다 하경의 세계와 상경의 세계의 경계선을 넘나드는 것이다. 오십의 연륜이라면 그때마다 합당하게 자신의 관점과 태도를 조절할 수 있어야 한다. 이것이 가장 기본적인 개운의 비결이라고 할 수 있다. 또한 오십이 놓인 세계의 중심은 어디까지나 하경의 세계여야 한다. 그래야 나 잇값을 하는 것이다.

소신과 자존심을
지켜야 이롭다

· 처세 ·

몽(蒙)이 형통하려면 내가 동몽(童蒙)을 구할 것이 아니라
동몽이 나를 구하도록 해야 한다.
처음 점친 것은 알려 주지만 두 번, 세 번은 모독이다.
모독인 즉 알려 주지 말라.
정(貞)해야 이로우리라.

蒙亨 匪我求童蒙 童蒙求我 初筮告 再三瀆 瀆則不告 利貞
몽형 비아구동몽 동몽구아 초서고 재삼독 독즉불고 이정

〈몽(蒙)괘〉 괘사

사람의 나이가 오십쯤에 이르면 내 위에 있는 한 사람과의 관
계가 중요해진다. 처음 회사에 입사해서 팀원, 대리이던 젊은

시절에는 열심히 자기 할 일만 해도 된다. 일의 결과로서 실력을 평가받을 수 있다. 하지만 연륜이 차오르고 위로 올라가면서 상황에 변화가 생긴다. 우선 연륜이 차오르니 나보다 위에 있는 사람 숫자가 줄어들고, 그와 동시에 윗사람과의 관계는 더 중요해진다. 오십쯤 되어 부장, 임원에 이르면 나보다 위에 있는 한 사람, 즉 사장과의 관계가 결정적으로 중요해진다.

꼭 회사가 아니더라도 상황은 비슷하다. 어디에서나 연륜이 찬 오십보다 위에 있는 사람은 많지 않다. 동시에 나보다 위에 있는 한 사람과의 관계가 중요하게 된다. 이러한 오십에게 서두에 제시한 역경의 조언이 도움이 될 것이다.

윗사람을 찾아오게 하는
방법 세 가지

서두에 제시한 가르침은 역경의 4번째 괘인 몽(蒙)의 괘사인데, 그 내용은 신하인 점인이 무지몽매한 왕을 어떻게 상대해야 하는지에 대한 것이다. 그 조언의 내용은 다음의 세 가지로 나눌 수 있다.

첫째, 괘사는 동몽(童蒙)에 대해 말한다.

동몽은 '어린아이의 어리석음'이라는 뜻인데, 어린아이는 최소한 남의 조언을 그대로 받아들이는 순수함이 있음을 의미한다. 《동몽선습》의 동몽이 바로 역경에서 따온 말이다. 반면 어른의 어리석음은 선입견이나 아집 때문에 올바른 조언도 순수하게 받아들이지 못한다.

몽의 길에서 몽매한 왕은 발몽(發蒙)→곤몽(困蒙)→동몽(童蒙)→격몽(擊蒙)의 순서로 발전해 간다. 여기서 발몽은 자신이 몽매한 줄을 알지 못하고 적극적으로 나서서 어리석음을 펼치는 왕이고, 곤몽은 한풀 꺾였지만 여전히 남의 조언을 들을 생각은 없는 몽매한 왕이다. 둘 다 어른의 어리석음에 해당하는 상태이며, 아직 동몽의 상태에 이르지 못한 왕이다. 결국 몽의 괘사에서 동몽을 말하는 것은 왕이 몽매하더라도 그나마 자신의 무지를 깨닫고 남의 조언에 귀 기울이려는 자세가 갖추어진 상태라야 비로소 상대할 수 있다는 말이다. 그 같은 자세가 갖추어지기 전인 발몽, 곤몽 상태의 왕이라면 일절 상대하지 말아야 한다는 뜻이다.

둘째, 왕이 동몽의 상태라 할지라도 그 왕을 상대할 때 내가 먼저 찾아가 돕겠노라 해서는 안 되고 왕이 나를 찾게 해야 한다고 조언한다.

왕 쪽에서 뭔가 아쉬운 것이 있어서 먼저 나를 찾아올 때까지 기다리라는 말이다. 만약 내가 먼저 다가가면 내 쪽에 뭔가 아쉬운 게 있어서 찾아왔다고 여길 것이다. 그러므로 왕 쪽에서 나를 먼저 찾아올 때까지 인내심을 갖고 기다려야 한다. 그때 조언해야 비로소 동몽의 왕이 나의 조언을 가치 있게 들을 것이다.

셋째, 처음 점친 것은 알려 주지만 두 번, 세 번은 모독이니 알려 주지 말라는 조언이다.

점인이 점치는 일로 왕을 보좌하는 참모였음을 떠올리면 이 대목이 의미하는 바를 이해할 수 있다. 리더가 조언자에게 어떤 자문을 구했고 이에 대해 조언자가 성의 있는 조언을 했다면 리더는 이를 존중하는 성의를 보여야 한다. 그 조언을 존중해서 무언가 그 조언에 따라 행동하는 모습을 보여야 한다는 것이다. 그런 성의도 보이지 않으면서 두 번, 세 번 다시 자문을 구하는 것은 조언자에 대한 모독이니 그에 응하지 말라는 뜻이다.

점인들이 이 조언을 남긴 후 3,000년 이상의 세월이 지났지만 오늘날에도 몽의 괘사와 같은 상황은 자주 발생한다. 만약 이때 정중히 거절하지 않고 그대로 응하면 그때부터 그 조언자는 '쉬운 사람'이 되고 만다. 그때부터 동몽의 리더는 그 조언자를 함부로 대하게 될 것이다. 유사한 상황을 지켜본 경험이 있는 사람이라면 역경의 이 구절에 깊이 공감할 것이다.

"정(貞)해야 이로울 것"이라는 말은 몽매한 왕을 상대하는 점인이 자기 소신과 자존심을 끝까지 지켜야 결국 이로울 것이라는 말이다. 사람에게 자존심은 중요한 것이다. 내가 먼저 동몽의 왕에게 달려가면 안 되고, 동몽의 왕이 첫 조언에 대해 성의 있는 자세를 보이지도 않으면서 두 번 세 번 값싸게 묻는다면 이에 응하지도 말아야 하는 것이다.

이상의 조건을 지켜야 "몽(蒙)이 형통하다"는 말은 이상의 조건을 지켜야 몽매한 왕도 형통하고, 그 왕을 상대하는 점인도 형통할 것이라는 말이다.

킹 메이커의
경륜

지금까지 살펴본 이상의 조언은 나보다 위에 있는 한 사람을 상대할 때 어떻게 해야 하는지에 대한 금쪽같은 조언이 아닐 수 없는데, 이와 같은 조언을 가장 잘 활용한 인물이 한 명 있다. 한국 정치사의 수수께끼로 불리는 김종인 씨가 그 사람이다.

김종인 씨는 직업이 한국 정당의 비상대책위원장이자 킹메이커라고 할 수 있는 사람이다. 한국 정치판의 여당과 야당을 모두 넘나들며 비상대책위원장을 여러 차례 역임했고 킹메이커 역할을 맡았다. 정당의 비대위원장이 어떤 자리인가? 당 대표를 능가하는 절대 권력이 주어지는 자리다. 그러한 자리를 김종인 씨는 여당과 야당을 모두 넘나들며 여러 차례 역임한 것이다.

이러한 김종인 씨의 성공 비결이 바로 몽괘의 조언을 따른 것이라 할 수 있다. 그는 유력 대선 후보가 예를 갖춰 제 발로 찾아오기 전까지 먼저 가서 만난 일이 없고, 자신의 첫 번째 조언에 대해 성의 있는 응대를 보이지 않으면 그 이상의 조언은 하는 법이 없었다. 그가 한국 정치사에서 보여 온 궤적은 서두에 제시한 몽의 조언 그대로라고 할 수 있다.

이러한 김종인 씨가 역경의 해당 구절을 읽었는지는 알 수 없다. 경륜가라면 평생의 경험을 통해 스스로 터득할 수도 있을 것이다. 다만 역경에는 몽의 괘사와 같이 단 한 줄로 인간 세상의 요체를 명쾌하게 제시하는 계시가 그득하다. 역경의 독서를 통해 그와 같은 통찰을 풍성하게 누릴 수 있는 것이다.

말의 순서가 잡혀야
관계가 잡힌다

· 말 ·

음이 다섯 번째에 올 때는 광대뼈에서 버티면 말에 순서가 잡히리라.

六五 艮其輔 言有序
육오 간기보 언유서

〈간(艮)괘〉 5효사

"사람들이 내 말에 귀를 안 기울여 준다"는 고민이나 불평을
자주 접하게 된다. 주변 사람들 중에 자기가 필요한 것은 이것
저것 자주 말하면서 정작 이쪽에서 무언가 필요해서 말하면 대
충 흘려듣고 마는 사람이 꼭 있다. 서두에 제시한 간(艮)의 길
은 이런 사람들에 대한 대처법이라고 할 수 있다. 역경이 인생

을 살아갈 때 터득해야 하는 64가지 도(道) 가운데 하나를 이 문제에 할당했다는 것은 이를 인생에서 중요한 문제로 보았다는 의미다.

오십쯤 된 사람이 내 말에 귀를 잘 안 기울여 준다고 해서 꼬치꼬치 따지기도 민망하다. 하지만 나의 말이 무시당하는 상태를 그대로 방치하는 것은 곤란하다. 누군가가 자기 필요한 것은 이것저것 말하면서 이쪽에서 말할 때는 귀담아듣지 않는다면, 쉽게 말해 이쪽을 무시하는 것이다. 이렇게 무시당하며 사는 것은 내 인생의 주인으로 사는 것이 아니라 끌려다니는 객체로 사는 것이다.

역경에서 하경은 34가지 괘를 수신·제가·치국·평천하의 도로 구분하고 있다. 간의 도는 여기서 치국의 도로 분류된다. 즉 간의 도는 왕의 말을 세우는 방법이며, 왕이 왕답게 살아가기 위한 최소한의 방법이다. 이는 나이 오십에게는 그대로 내 인생의 왕으로 살아가기 위한 최소한의 방법에 해당하는 것이다.

하게 만드는 것은 어려우나 해 주지 않는 것은 쉽다

한자 艮은 '버틴다'는 뜻이다. 그에 따라 간의 길은 사람들이 군자에게 어떤 일을 해 달라고 요청할 때 군자가 버티며 들어 주지 않는 경우를 보여 준다. 이를 통해 나의 말을 세워 내 삶의 주체로 바로 서는 것이다. 그렇다고 해서 무작정 버티는 것은 아니며 일정한 리듬과 법칙이 있다. [그림 15] 간괘의 괘상을 통해 그 리듬을 살펴보기로 하자.

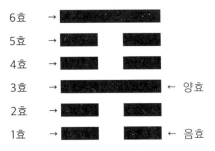

6효	→	
5효	→	
4효	→	
3효	→	← 양효
2효	→	
1효	→	← 음효

[그림 15] 간괘

이처럼 역경에는 글 외에 괘상이 같이 실려 있어서 역경만의 특색을 이룬다. 《시경》, 《서경》, 《논어》 등의 다른 유학 경전은 글로만 이루어졌는데 역경은 글 외에 괘상이 덧붙어 있는 것이다. 그 이유는 글이라는 표현 수단의 한계 때문이다.

우리가 말로 설명할 수 있는 내용을 글로 전달하려면 그 내용을 다 표현하지 못해서 답답한 경우가 많다. 그런데 생각해 보면 말이라는 표현 수단 역시 한계가 많다. 말로 내 마음을 있는 그대로 다 전할 수 있는가 생각해 보면 어림도 없다.

특히 하늘의 계시를 기록한 역경은 그 특성상 말이 자세할 수 없어서 문장이 고도로 압축되어 있다. 결국 한계 많은 표현 수단인 글(언어)만으로는 하늘의 뜻을 다 담아낼 수 없기에 상을 별도로 세워 보충한 것이다. 이처럼 역경에는 글 외에 괘상이 또 있어서 글로 다하지 못하는 뜻을 확충한다는 점이 특색인데, 간의 도를 통해 괘상이 어떤 방식으로 기능하는지 살펴보기로 하자.

[그림 15] 간의 괘상에서 음효의 기본 속성은 어떤 행위를 하지 않는 것이다. 반대로 양효는 어떤 행위를 하는 것을 상징한다. 그러므로 간의 괘상에서 음효는 누군가가 군자에게 어떤 일을 해 달라고 요청할 때 군자가 버티며 들어주지 않는 것이고, 양효는 들어주는 것이다. 이를 염두에 두면 괘상만으로도 간의 길이 어떻게 진행되는지 짐작할 수 있다.

자기가 필요한 것은 이것저것 말하면서 정작 이쪽에서 무언가를 말하면 귀담아듣지 않는 사람에게 어떻게 대응해야 할까? 우선은 다음 번에 그 사람이 무언가를 해 달라고 요청할 때 들어주지 말아야 한다. 이것이 간의 길 1단계 음효가 의미하는 바다. 들어주지 않으면 물론 상대는 기분이 상할 것이다. 그러고 나서 시간이 흐른 후 상대가 또 무언가를 들어달라고 새로이 요청해 오면 또다시 들어주지 말아야 한다. 이것이 2단계다. 물론 두 번 연속으로 거절했으므로 상대는 크게 기분이 상할 것이다. 어쩌면 관계를 끊겠노라 노발대발하거나, 내가 가만히 있을 줄 아느냐고 협박조로 나올 수도 있다. 그러므로 마음 약한 사람은 두 번 연속으로 거절하는 것이 심리적으로 어려울 수 있다. 하지만 역경은 걱정하지 말고 거절해도 된다고 조언한다.

역경이 계시한 인간 세상의 법칙이 하나 있다. 그것은 같은 행동을 세 번 연속으로 하면 싸움이 벌어질 수 있지만 두 번까지는 괜찮다는 것이다. 즉 연속해서 두 번 거절당한 상대가 내가 가만히 있을 줄 아느냐며 위협적으로 나오더라도 그냥 말에 그칠 뿐 실행에 옮기지는 않는다는 것이다.

대신 세 번째에 들어주면 된다. 간의 길 3단계에 양이 오는 것은 바로 그런 뜻이다. 세 번째에도 거절하면 그때는 실제로 싸움이 벌어지거나 관계가 아예 끊어질 수 있다. 하지만 두 번째까지는 거절해도 괜찮다.

상대의 세 번째 요청을 들어준 후 네 번째 요청이 들어오면 어떻게 해야 할까? 간의 길 4단계가 음효라는 것은 또 거절해서 들어주지 말라는 뜻이다. 다섯 번째도 역시 거절이다. 3단계에서 한 번 들어주었기 때문에 4, 5단계에서 연속으로 두 번 거절하는 것은 역시 괜찮다. 6단계에서 들어주기만 하면 역시 싸움은 벌어지지 않는다.

용감한 자가 미인을 차지한다는 말이 있다. 가만히 있지 않고 용감하게 나서서 적극적인 행동을 취하는 사람이 미인을 차지한다는 말이다. 이 말을 조금 달리 보면 남에게는 다소 무심하며 자기 위주로 사는 사람이 이익을 보는 경우가 많다는 말일 수도 있다. 자기가 필요한 것은 이것저것 말하면서 이쪽에서 무언가를 말하면 귀담아들어 주지 않는 사람이 바로 그런 사람이다.

반면 섬세한 사람은 앞서 설명한 간괘의 조언조차 그대로 따르기가 쉽지 않다. 두 번 연속으로 거절하려면 통 마음이 편치 않기 때문이다. 하지만 생각해 보자. 남에게 무언가를 강제로 하도록 만드는 일은 어렵다. 하지만 남이 나에게 무언가 해 달라는 것을 해 주지 않고 버티는 것은 마음만 먹으면 누구든 할 수 있는 일이다. 이것조차 못 하겠다고 하면 더 이상 방법이 없다.

앞서 언급한 바와 같이 누군가 자기 필요한 것은 이것저것 말하면서 이쪽에서 말할 때는 귀담아듣지 않는다면, 이는 이쪽을 무시하는 것이며 일방적으로 이용하는 것이다. 이렇게 무시당하며 살 수는 없다고 결심한다면, 역경은 그 사람에게 간의 길을 밟으라고 조언하는 것이다.

사실 역경의 조언은 섬세하고 마음이 약한 사람들에게 더욱 도움이 된다. 역경이 변화의 법칙을 미리 밝히고 응원하는 셈이기 때문이다. '두 번 연속으로 거절해도 싸움이 벌어지지 않을 것이다', '아무 일 없을 테니 용기를 내서 거절하라'며 응원하고 있는 것이다.

간의 길을 성공시키기 위한 유일한 조건은 마음을 굳게 먹는 것이다. 특히 2단계에서 두 번째로 거절할 때가 어렵기 때문에 이때 굳게 먹은 마음을 풀지 않는 것이 중요하다. 그래서 역경은 2효사를 통해 "아직 합당한 따름을 받아들이지 않으니, 그 마음을 풀지 말아야 하리라[不拯其隨 其心不快]"라고 특별히 조언하고 있다.

1단계에서 한 번 거절한 이후라서 마음이 약해지기 쉬운데, 그렇게 해서 마음을 풀어 버리면 아직은 상대가 합당한 따름을 받아들이지 않을 것이라는 말이다. 반면 군자가 굳게 먹은 마음을 풀지 않고 계속 버티어 내면 절정의 단계인 5단계에 이르러 원하는 성과를 달성할 수 있다.

서두에 제시한 간괘의 5효사는 그 성과에 대해 "말에 순서가 잡힌다[言有序]"라고 표현하고 있다. "광대뼈에서 버틴다"는 표현이 등장하는 이유는 1단계에서 시작하여 5단계에 이르기까지 버티는 강도가 점점 올라가는 것을 사람의 신체에 비유해서 표현했기 때문이다.

이처럼 신체에 비유하는 것은 역경이 자주 사용하는 비유법으로 아래에서 위로 올라갈수록 변화의 정도를 더해 가는 것으로 표현된다. 간의 길의 경우 1단계에서는 발에서 버티고, 2~5단계에서는 장딴지 → 허리 → 몸통 → 광대뼈로 점점 올라가기 때문에 "광대뼈에서 버틴다"라는 표현이 등장하는 것이다.

말의 질서가
관계의 질서다

"말에 순서가 잡힌다"는 것은 지금까지 자기 말만 앞세울 뿐 군자의 말은 귀담아듣지 않던 주변 사람들이 말의 순서를 깨닫게 된다는 뜻이다. 그동안 군자가 자기 말을 들어주었으니 이번에는 자기가 군자의 말을 들을 차례임을 깨닫는 것이다. 이 같은 깨달음은 1·2단계의 거절과 4·5단계의 거절 두 차례를 거치고 나서야 도달한다는 사실에 유념할 필요가 있다. 1·2단계의 거절만으로는 충분한 학습이 이루어지지 않는 것이다.

5단계에서 말에 순서가 잡히고 나면 다시 양효가 놓이는 6단계에서는 상대의 청을 들어준다. 역경은 이렇게 함으로써 "돈간(敦艮)의 경지에 오르니 길하리라[敦艮 吉]"라고 말한다. 돈간의 경지란, 자신의 뜻을 관철하면서도 주변 사람들과의 돈독한 관계가 깨지지 않는 경지를 말한다. 내 인생의 주인으로 살고자 하는 오십이 도달해야 하는 경지가 바로 "돈간의 경지"인 것이다. 이와 같은 경지는 앞서 5단계에서 주변 사람들이 말의 순서를 깨달았기 때문에 이를 바탕으로 6단계에서 오를 수 있는 것이다. 그 때문에 5단계에 이르기까지 리듬을 타며 굳게 버텨야 했던 것이다.

이로써 군자와 주변 사람들 사이에 공정한 관계가 확립되고 간의 도가 완성된다. 군자가 간의 길을 답파함으로써 간의 도를 터득해 낸 것이다. 이렇게 해서 하나의 도를 더 깨친 사람은 그로 인해 보다 높은 경지에 올라 그 이전과는 차원이 다른 삶을 살게 되는 것이다.

"말에 순서가 잡힌다"는 간괘 5효사는 말과 질서를 연결짓는데, 이는 탁월한 관점이 아닐 수 없다. 사람이 모인 조직(공동체)에서 빚어지는 혼란의 근원은 대부분 말의 순서가 잡히지 않는데 있기 때문이다. 바벨탑이 무너진 이유가 언어의 혼란 때문이었듯이 오늘날에도 조직에서 '누구의 말이 우선하는가' 하는 말의 순서에 혼란이 초래되면 그 조직은 무너지고 말 것이다.

사람이 모인 조직에는 질서가 있는데 이는 곧 누구의 말이 우선하는가를 정한 것에 다름 아니다. 사람은 말로 소통하는 존재이기 때문에 사람이 모인 조직은 결국 말을 통해 유지된다. 그러므로 간의 길은 개인 차원의 공정한 관계 확립을 위한 것이기도 하지만, 공동체를 위한 것이기도 하다. 결국 군자가 힘든 상황 속에서도 굳게 버티며 흔들림 없이 간의 길을 걷는 것은 공동체에 말의 순서를 확립하기 위해서이며, 그 목표는 5단계에 이르러 비로소 달성된다. 말의 순서가 잡혀 주변인들이 군자의 말을 진지하게 듣기 시작하면 공동체의 혼란이 바로잡히는 것이다.

오십의 인생이라는 관점에서 보면, 이때라야 비로소 오십이 내 인생의 주인으로 바로 설 수 있는 것이다. 상황을 이렇게 개선한 원동력은 군자가 두 차례에 걸쳐 버티어 낸 노력에 있다. "사람들이 내 말에 귀를 안 기울여 준다"는 고민에 대해 버티면 해결할 수 있다는 조언을 역경이 제공한 것이다.

앞서 언급했듯이 남에게 무언가를 강제로 하도록 만드는 일은 어렵다. 하지만 남이 나에게 무언가 해 달라는 것을 해 주지 않고 버티는 것은 마음 먹으면 누구라도 할 수 있다. 그러므로 이것조차 못 하겠다면 불평할 자격이 없는 것이다.

믿고 지켜 주고
그다음에 행하라

· 원숙 ·

친근함을 드러내 보이고자 왕으로서 삼구(三驅)의 법을 쓰는 상이다.
먼저 나오는 짐승은 놓아 주면 읍인들이 경계하지 않게 되어 길하리라.

顯比 王用三驅 失前禽 邑人不誡 吉
현비 왕용삼구 실전금 읍인불계 길

〈비(比)괘〉 5효사

서두에서 역경이 제시하는 '삼구(三驅)'의 법은 나이 오십에게
어울리는 원숙한 리더십의 전형이라고 할 수 있다. 원숙한 리더
십이라면 친근함이 있어야 한다. 하지만 그렇다고 해서 리더로
서의 권위가 서지 않는 것도 곤란하다. 이 양자를 적절하게 조

화하여 균형을 이루는 것이 쉽지 않기에 원숙한 리더십을 달성하는 것이 보통 일은 아니다. 하지만 나이 오십의 연륜이라면 가능할 것이다.

역경에서 8번째 등장하는 비(比)의 길은 새로이 읍을 다스리게 된 군자가 읍인들과 친근해지려 노력하는 길이다. 比는 두 사람이 같은 방향을 보며 나란히 서 있는 모습을 형상화한 글자로, 그 원형적인 의미는 사람이 서로 '친근하다'는 뜻이다.

군자의 다스림이 오직 복종만을 요구하는 것이라면 오래갈 수 없는 법이어서, 군자가 읍인들과 친근한 관계를 수립하려고 노력하는 것이다. 읍인들로부터 경원시되는 주군이 아니라 '우리의 주군!'으로 친근하게 받아들여질 때라야 진정한 주군이라고 할 수 있기 때문이다.

리더가 되어 가는 5단계 모습

비의 길을 밟으며 읍인들과 친근해지려 노력하는 군자를 1단계에서부터 뒤따라가 보기로 한다. 비의 길이 5단계에 이르면 서두에 등장하는 삼구의 법을 써서 원숙한 리더십을 완성하는 모습을 보게 될 것이다. 그 모습은 자기 우주의 왕으로 바로 서고자 하는 오십의 모습 자체일 것이다.

처음에 음이 올 때, 믿음을 가지고 친근하게 대하면 허물이 없으리라. 믿음을 둘 때는 술동이를 가득 채우듯 하면 종국에는 사람이 달라짐이 있게 되니 길할 것이다.

初六 有孚比之 无咎 有孚盈缶 終來有他 吉

위에서 비의 길 1효사는 군자가 비의 도를 행할 때 믿음을 가져야 한다고 조언하고 있다. 그 이유는 새로 만난 읍인들을 친근하게 대하는 일이 금새 어떤 효과를 내기는 어렵기 때문이다. 앞으로 보겠지만 비의 길은 5단계에 이르러서야 원하는 결과를 달성하게 된다. 읍인들 입장에서는 새로이 읍주(邑主)로 나타난 군자를 경계하기 때문에 쉽사리 마음을 열 수 없다. 그러므로 역경은 비의 도를 행할 때 "믿음을 가져야 한다"라고 조언하는 것이다.

또한 군자가 읍인들에게 믿음을 둘 때는 술동이를 가득 채우듯 하라고 조언한다. 타인에 대한 믿음을 둘 때는 의심의 여지를 남기지 말고, 마치 술동이가 가득 차서 철철 넘쳐흐르듯이 온전한 믿음을 주라는 조언이다. 그리하면 시간이 걸리겠지만 결국 사람이 달라짐이 있게 되어 길할 것이라고 한다. 군자의 진실한 믿음이 넘쳐흘러서 타인에게 전달되는 바가 있기 때문일 것이다.

음이 두 번째에 오면, 안으로부터 친근하게 대하는 상이다. 정(貞)하면 길하리라.
六二 比之自內 貞 吉

앞서의 1단계는 준비 단계이기 때문에 비의 도를 전개하기 위한 전체적인 가이드라인을 제시한 것이었다. 그러므로 비의 도를 본격적으로 실행하는 것은 2단계가 처음이다. 이처럼 비의 도를 처음 행할 때 안에서부터 우러나는 마음으로 친근하게 대해야 한다는 조언이다. 또한 효과가 나타날 때까지 시간이 걸리므로 "정(貞)하면 길할 것"이라 덧붙여 조언하고 있다.

음이 세 번째에 오니, 친근하게 대했는데 (상대가) 사람이 아닌 상이다.
六三 比之匪人

3단계는 비의 도를 행할 때 맞닥뜨리게 되는 위기의 단계다. 예의 비인이 등장한다. 군자가 기껏 친근하게 대하는 노력을 기울었는데, 막상 그 상대방이 사람이 아니더라는 것이다. 이처럼 군자의 읍인 중에도 '사람 같지 않은 사람[匪人]'이 더러 섞여 있다. 그러므로 사람들과 친근해지기 위해 비의 도를 행할 때도 비인이 존재한다는 사실을 명심해야 한다.

이처럼 비인을 만나 혼이 나는 경험을 쌓은 군자는 계속해서 비의 도를 행하더라도 실행 방침을 바꾸어야 한다. 그처럼 방침을 바꾸면 한 단계 더 나아가 다음의 4단계에 이르게 된다.

음이 네 번째에 오니, 겉으로 친근하게 대하는 상이다. 정(貞)하면 길하리라.

六四 外比之 貞 吉

앞서 비인으로 인한 위기를 겪은 군자는 4단계에 이르러 방침을 바꾼다. 비의 도를 계속 행하되 "겉으로 친근하게 대하는" 것이다.

비인이 섞여 있는 상경의 세상에서(비의 도는 상경에 속한다) 사람을 가림이 없이 진실한 마음을 다 쏟는 것은 위험하다는 사실을 깨달은 것이다. 그 결과 이제는 읍인을 대할 때 우선 의(儀)로써 겉으로 친근하게 대한다. 앞서 말한 예(禮)와 의(儀)를 구분해서 대응하는 경지에 이른 것이다. 물론 이렇게 해서 상대가 예(禮)를 아는 사람임을 확인하고 나면 예(禮)로서 대하게 될 것이다.

양이 다섯 번째에 오니, 친근함을 드러내 보이고자 왕으로서 삼구(三驅)의 법을 쓰는 상이다. 먼저 나오는 짐승은 놓아주면 읍인들이 경계하지 않게 되어 길하리라.

九五 顯比 王用三驅 失前禽 邑人不誠 吉

5효사에 등장하는 삼구는 사냥할 때 짐승을 세 차례에 걸쳐 나누어 몬다는 뜻이다. 전통 시대에 왕의 사냥은 군사와 백성을 대규모로 동원하는 행사였다. 이를 통해 군사를 조련하고 백성들과 단합을 이루고자 했으며, 그에 따라 여러 가지 행위가 상징성을 고려해서 연출되었다.

인심과 권위를 모두 얻는 삼세번의 원칙

왕이 이러한 사냥에 나설 때는 병사와 백성들로 하여금 짐승을 세 차례에 걸쳐 몰도록 했다. 사냥터를 에워싸고 짐승을 몰아서 왕 앞으로 가도록 하는데 세 차례에 걸쳐 몰았던 것이다.

이때 처음 두 번에 걸쳐 왕 앞으로 나온 짐승들은 자기 땅의 생명을 아끼는 왕의 인자한 덕을 보여 주기 위해 일부러 놓아준다. 하지만 계속 숨어서 버티다 마지막 세 번째에야 왕 앞으로 나오는 짐승은 무도하다 하여 한 마리도 남김없이 모두 쏘아 잡았다.

이는 백성들에게 왕의 인자한 아량을 과시함과 동시에 통치의 엄정함을 같이 보여 주기 위해 고도로 계산된 상징 의식이었다. 예를 들어 이는 백성이 무언가 잘못을 저지르더라도 왕은 그 백성을 용서해 줄 것임을 상징한다. 왕은 그를 자신의 백성으로서 사랑하기 때문이다. 이때 그 백성은 왕의 인자한 아량에 감읍하게 된다.

그런데 이 백성이 혹시 다음에 또 잘못을 저지르게 되면 어떻게 하는가? 왕은 백성이 잘못을 반복한 것에 대해 크게 화를 낸다. 하지만 차마 자신의 백성을 해할 수가 없어서 또 살려 준다. 죽임을 당할까 벌벌 떨던 백성은 그야말로 왕의 아량에 감읍하게 된다.

그런데 이 백성이 세 번째로 또 잘못을 저지르게 되면 어떻게 할까? 이때 왕은 결단코 그 백성을 죽인다. 이때 또 그 백성을 용서한다면 더 이상 왕의 영(令)이 서지 않을 것이기 때문이다. 모든 백성들이 왕 알기를 우습게 알 것이며, 왕은 더 이상 왕이 아닐 것이다. 때문에 왕은 결단코 그 백성을 죽인다. 이것이 삼구의 법이 상징하는 바다. 오늘날에도 처벌 법규에 흔히 '쓰리 스트라이크 아웃제'가 채택되는 것은 그 유산이라고 할 수 있다.

이와 같은 삼구의 법은 리더의 인자한 아량을 보여 줌으로써 친근한 관계를 수립할 수 있고, 동시에 리더의 권위도 훼손당하지 않는 절묘한 리더십이라고 할 수 있다.

왕의 백성들은 혹시 자신이 무언가를 실수해서 잘못을 범하더라도 왕이 용서(그것도 두 번씩이나)해 주리라는 걸 알기 때문에 더 이상 왕을 경계하지 않아도 된다. 세 번씩이나 같은 잘못을 범한다는 것은 실수가 아니라 고의에 따른 결과이기 때문이다. 그러므로 이런 범법자들의 경우가 아니라면 백성들은 누구나 경계를 풀고 안심할 수 있으며, 왕과 친근한 관계를 형성할 수 있다. 동시에 이러한 범법자들은 엄정하게 처단됨으로써 왕의 권위도 확립할 수 있다.

그러므로 역경은 비의 도 5단계에서 군자가 삼구의 법을 쓰면 친근함을 드러내 보일 수 있고, 그에 따라 읍인들이 군자를 경계하지 않게 되니 길하리라 말하는 것이다. 자기 우주의 왕으로 바로 서고자 하는 오십 역시 이러한 삼구의 법을 쓴다면 자기 나이의 연륜에 어울리는 원숙한 리더십을 달성할 수 있을 것이다.

이상으로 비의 도는 소기의 목적을 달성하게 된다. 앞서 1효에서 군자가 "믿음을 가지고" 시작한 비의 도가 5효에 이르러서야 비로소 소기의 성과를 달성하는 것이다. 1효사에서 "종국에는 사람이 달라짐이 있게 되니 길할 것"이라 했던 말이 실현된 것이다. 이처럼 오랜 시간이 걸려서야 결과가 나타나기 때문에, 처음 출발할 때부터 "믿음을 가져야 한다"고 조언했던 것이다.

제4장

믿음을 갖고 마음을 같이하면 길하리라

오십의 마음

마음이 사람 사이를 잇고
세상을 발전시킨다

· 정 ·

처음 팔괘를 그으니 그로써 신명의 덕을 통하게 하고
그로써 만물의 정(情)을 분류한 것이다.

始作八卦 以通神明之德 以類萬物之情
시작팔괘 이통신명지덕 이류만물지정

〈계사하전〉 2장

역경은 팔괘가 만물의 정(情)을 분류해서 제시한 것이라 말한
다. 팔괘는 64괘를 대표해서 말하는 것이니, 이는 역경의 64괘
가 만물의 정을 64가지로 분류해서 제시한 것이라는 말과 동일
하다.

이는 우선 만물에는 각기 그 정이 있다는 사실을 확인한 것이라서 흥미롭다. 사실 이러한 관념은 우리가 일상적으로 사용하는 말에도 녹아 있다. '세상물정'이 그것이니, 이 세상에 존재하는 만물에는 각기 그 정이 있다는 것이다. 만물 중의 하나인 사람에게도 당연히 그 정이 있으니 '인정'이 그것이다. 인지상정(人之常情)이라고도 하는데, 사람이면 누구나 다 갖고 있는 정이 있다는 말이다.

이처럼 우리는 정이라는 말을 무의식적으로 쓰고 있지만, 대체로 그 정확한 의미를 모른 채 쓰는 경우가 많다. 과연 정(情)이란 무얼 말하는 것인지 생각해 보기로 하자.

마음의 심연에서
반짝이고 있는 보석 하나

"정 주고 마음 주고 사랑도 줬지만"이라는 유행가 가사가 있는데, 사람의 말에는 인류가 축적한 지혜가 담겨 있는 법이라 이 가사 역시 진실의 일단을 전하고 있다. 이를 보면 정은 순서상 마음(의식)과 사랑보다 먼저 오는 것임을 알 수 있다. '정에 이끌려서 그만…'이라는 말 역시 정이 합리적 판단(의식)보다 먼저 오는 것임을 보여 준다. '미운 정, 고운 정 다 들었다'고 할 때 '밉다'는 것은 의식의 판단이다. 그런데 이처럼 밉다고 생각하면서도 그 사람과 정이 들 수 있다는 것은 역시 정이 이성적 판단(의식, 생각)을 넘어선 것임을 보여 준다. 바로 이 점이 정의 가장 큰 특징이라고 할 수 있다.

情의 어원을 보면, 心(마음 심)과 生(날 생)과 丹(붉을 단)이 합쳐진 글자다. 여기서 丹 자의 갑골문을 보면 井(우물 정) 자 안에 점이 찍혀 있다. 여기서 井 자는 땅속으로 파들어 간 광산의 벽을 그린 것이고, 그 안에 찍힌 점은 광산 속 깊은 곳에 있는 보석을 상징한다. 生 자는 싹이 터 자라는 모습을 그린 것이니, 이들의 합자인 情은 결국 저 아래 깊은 심연으로부터 싹터 올라오는 마음을 형상화한 글자다.

여기서 광산 속 보석은 우리 마음의 심연 깊은 곳에 자리한 보석을 상징한다. 이처럼 우리 마음의 밑바닥 말 없는 심연에는 보석이 빛을 발하고 있으니, 앞서 [그림 3-①]의 영성이 바로 그 것이다. 그러므로 저 아래 깊은 심연에서 싹터 올라오는 마음이란 바로 이 영성으로부터 싹터 올라오는 것이다.

이처럼 사람에게는 깊은 심연에 자리한 영성으로부터 싹터 올라오는 마음이 있으니, 그 마음이 바로 정이다. 이 때문에 마음은 이성적 판단(의식, 생각)을 넘어서게 된다. 무의식인 심연으로부터 올라오는 것이기 때문이다. 그 때문에 '미운 정'이라는 말이 성립하고, '정에 이끌려서 그만…'이라는 말이 성립하는 것이다.

또한 이와 같은 정의 어원은 사람이면 누구나 다 갖고 있는 공통의 인지상정이 어떻게 해서 존재하는지를 설명해 준다. 모든 사람의 심연에 공통으로 자리 잡고 있는 영성이라는 근원에서 온 것이기 때문이다. 그러므로 사람은 서로에게 정을 느끼는 것이다. 공통의 근원에서 왔기 때문이다. 공통된 토대 위에 있지 않으면 서로 간에 정을 느끼기란 불가능하다.

이와 같은 정이 존재한다는 사실은 사람에게 큰 희망이 된다. 예를 들어 앞서 2장에서 언급했던 박막례 씨의 조언이 가능한 이유도 역시 이 때문이다. 자신 있게 자신의 장단을 두드리면 남들에게도 틀림없이 공감받을 수 있다. 사람은 공통의 근원에서 왔기 때문이다. 이 공통의 근원으로부터 싹터 올라오는 마음인 정이 있기 때문에 내 마음에 쏙 드는 장단은 나만 좋아하는 것이 아니라 결국은 남으로부터도 공감받을 수 있다. 단지 내 장단의 매력을 제대로 전달할 수 있는 진정성이 중요한 것이다. 스스로도 자신의 장단을 왜곡하지 말아야 하며, 솔직담백하게, 진솔하게, 자신 있고 당당하게 두드린다면 틀림없이 남으로부터도 공감받을 수 있다.

이 같은 정이 모든 사람의 심연에 공통으로 자리하고 있기에 우정(友情), 애정(愛情), 연정(戀情)이 가능하고, 사람은 정다운 사람이 되고, 세상은 정겨운 세상이 될 수 있는 것이다. 사실 인류의 역사와 문명을 지금까지 발전시켜 온 원동력이 바로 이 정(情)이다.

효사와 괘사는 정(情)으로써 말하는 것이다.

爻象以情言

〈계사하전〉 12장

역경의 위 구절은 효사와 괘사가 정으로써 말하는 것이라 규정하고 있다. 역경은 이 세상의 전개 법칙을 계시한 경전인데, 이 세상을 그와 같이 전개시켜 온 힘이 바로 정이라는 것이다. 이는 지금까지 인류의 역사와 문명을 전개시켜 온 원동력을 이성이 아니라 정으로 규정하는 것이어서 흥미로운 대목이다.

이를 이성으로 착각하기 쉽다. 하지만 이성은 오직 논리만을 따진다는 한계가 있다. 마침 허준이 교수는 예의 서울대학교 축사에서 "수학은 무모순이 용납하는 어떤 정의도 허락합니다"라고 해서 이에 관한 언급을 남겼다. 순수한 논리와 이성의 세계가 어떤 것인지 짧고 간결하게 잘 말한 대목이다. 논리와 이성의 세계는 상호 무모순이기만 하면 어떤 생각도 허용한다는 것이다. 히틀러의 나치즘 역시 이러한 이성의 산물이었고, 제국주의의 침략과 원주민 학살 등이 모두 그러했다.

이를테면 논리와 이성은 비용 대비 효율을 따지는 것인데, 핵무기도 비용 대비 효율이 높은 것이다. 만약 지금까지 이 세상에서 논리와 이성이 정에 의해 통제되지 않았다면 그 결과는 끔찍할 것이다.

아인슈타인 역시 이와 비슷한 통찰을 드러낸 바 있다. 그는 진리를 찾는 것은 이성적 사유에 의해서가 아니라 종교적 감정(religious feeling)이며, 인간의 이성은 이렇게 찾은 진리를 인간이 이해할 수 있는 방식으로 정리하는 것이라고 보았다. 그가 말한 종교적 감정이 바로 정에 해당하는 것이다.

결국 이성은 하나의 도구일 뿐이며 인류의 역사와 문명을 발전시켜 온 원동력은 하늘이 인간에게 부여한 인지상정이다. 그리고 역경은 이 점을 밝혀 계시한 것이다.

앞서 2장에서 소개했던 뉴욕의 샌드위치 가게 사장님이 뉴욕 시민들에게 보여 준 것도 다름 아닌 인지상정이다. 자본주의의 선두를 달리는 뉴욕의 맨해튼, 콘크리트의 숲으로 삭막할 수 있는 그곳, 통 정이 없을 것 같은 그곳에도 인정이 살아 있음을 보여 주었다. 그를 통해 뉴욕 시민들에게 이 세상은 정이 살아 있는 세상임을 느끼게 해 주었고, 뉴욕 시민들로 하여금 '나도 저분처럼 살아야겠다'는 생각을 불러일으킨 것이다.

이것이 바로 사람에게 부여된 천명이다. 정을 보여 주는 것, 다른 사람들에게 정을 느끼게 해 주는 것이다. 이 세상이 정이 살아 있는, 정겨운 세상임을 느끼게 해 주는 것이 사람이면 누구나에게 주어진 천명인 것이다.

앞으로도 세상은 긍정적이다

역경의 효사와 괘사가 정으로써 말한다는 위의 언명은 역경에 실린 내용이 미래에 대한 예측력을 발휘하는 이유를 납득할 수 있게 한다. 인지상정을 포함한 만물의 정으로 말하는 것이기 때문이다. 만물의 정이 지닌 경향성으로 말하기 때문에 예측력을 발휘한다. 그리고 정은 사람의 의식이나 생각보다 앞서는 것이므로, 이 세상에 소인과 비인이 존재한다고 해도 결국 정으로써 말하는 역경 괘·효사의 서술대로 미래가 전개되어 가는 것이다.

또한 이렇게 전개될 미래가 정의 발현이라는 것은 이 세상에서 앞으로 전개되어 나갈 미래가 긍정적 방향일 것임을 암시한다. 이 역시 사람에게 큰 희망을 준다. 그리고 이 점은 인류의 여러 경전 중 역경만이 갖는 중요한 특징이다. 하늘의 계시를 기록한 역경이 이 세상의 미래를 긍정하는 것이다.

다른 경전들은 그렇지 않다는 점을 상기할 필요가 있다. 불교에서는 이 세상을 일러 '사바세계'라고 하는데, 사바(娑婆)는 산스크리트어 Saha를 음역한 표현으로 그 뜻은 참을 인(忍)에 해당한다. 이 세상은 인토(忍土)로, 참아 내야 하는 세상인 것이다. 반면 아미타불이 주재하는 서방정토는 어떠한 번뇌와 괴로움도 없이 평안하고 청정한 극락세계다. 사람은 서방정토에 다시 태어날 때까지 이 세상을 참아 내야 하는 것이다.

기독교에서는 그리스도의 재림과 함께 이 세상은 끝이 나며 하느님의 나라가 이른다고 한다. 그리스도를 믿어 구원을 받으면 다가올 하느님의 나라에서 영생을 얻게 된다. 그러므로 영생을 얻기 전에 잠시 머무는 이 세상은 역시 고난을 견뎌 내야 하는 세상일 뿐 의미가 없다. 이처럼 인류의 여러 경전에서는 이 세상의 미래를 긍정적인 것으로 보지 않는다.

하지만 은나라 점인들은 하늘의 뜻을 계시받고 그 결과를 확인하기 위해 대를 이어 가며 오랜 시간을 관찰한 끝에 이 세상에 영원의 추세가 존재한다는 사실을 발견할 수 있었다. 단기적으로는 이 세상에 온갖 변칙과 예외가 속출하지만, 결국은 이러한 과정을 거쳐 변치 않는 하나(하늘의 뜻)를 구현해 가고 있음을 발견한 것이다. 또한 이 과정에서 세상 만물에는 물정이 있고, 사람에게는 인지상정이 있음을 발견한 것이다. 그리하여 그와 같은 정이 어떻게 작동하는지를 기록했으니, 앞서 "효사와 괘사는 정으로써 말하는 것"이라는 언명이 이를 가리킨다.

결국 이 지상 세계가 변칙과 예외로 늘상 흔들리는데도 결국은 영원의 추세로 되돌아가는 이유 역시 정이 그 원동력인 것이다. 또한 그 정을 끝내 외면하지 못하는 기인(其人)이 있어서 그 역할을 해내는 것이다. 사실 우리는 대체로 기인의 역할을 해낸다. 어떤 때는 소인으로 전락하기도 하지만, 결국 자신의 소인배 행동을 부끄럽게 생각하며 기인의 역할을 해낸다. 이 역시 정의 작용이다.

사람을 얻을 수도
잃을 수도 있어야 한다

· 위 ·

괘를 베풂은 그로써 정(情)과 위(僞)를 다하려는 것이다.

設卦以盡情僞
설괘이진정위

〈계사상전〉 12장

역경은 괘를 베푼 것이 정(情)과 위(僞)를 다하려는 것이라 하여, 앞 글에서 설명한 정 외에 위를 또 말하고 있다. 이 위를 마저 이해해야 역경의 취지를 제대로 이해할 수 있기에 이 글을 통해 위에 대해 살펴보고자 한다.

僞는 대표적으로 위선(僞善, 겉으로만 착한 체함)에 사용되는 글자다. 이 때문에 그 이미지가 좋지 않다. 자전에서 그 뜻을 찾아봐도 '거짓 위'로 나와서 역시 좋은 이미지를 갖기 어렵다. 하지만 僞는 人(사람 인)과 爲(할 위)가 합쳐진 글자로, 원래 뜻은 '사람이 어떤 행동을 애써 한다'는 것으로 꼭 부정적인 의미로만 쓰이는 것이 아니다. 예를 들어 위선의 반대말인 위악(僞惡, 짐짓 악한 체함)에도 '위'가 쓰인다.

서두의 역경 구절에 쓰인 위는 이러한 위악의 의미로 읽으면 그 뜻을 이해할 수 있다. 이 구절에서 말하는 정이 심연의 영성에서 자연스레 솟아나는 마음의 발로라면, 위는 군자가 짐짓 악한 체해야 하는 경우도 있다는 뜻이다. 이를 테면 3장에서 설명한 간(艮)의 도에서 군자가 일부러 남의 말을 들어주지 않고 굳게 버티는 행동이 위에 해당하는 것이다. 이처럼 역경이 담고 있는 군자의 행동에는 정의 발로만이 아니라 위의 발로인 행동도 있다는 사실을 고려하면 역경이 말하고자 하는 취지를 제대로 이해할 수 있는 경우가 많다.

오십 이후부터는
발걸음을 늦춰라

예를 들어 다음과 같은 곤(坤)의 괘사가 대표적인 경우다.

곤(坤)의 길은 … 서남 방향에서는 친구를 얻어야 하고, 동북
방향에서는 친구를 잃어야 이로우리라.

坤 … 利西南得朋東北喪朋

〈곤괘〉 괘사

우선 위 괘사에는 서남과 동북이라는 방위가 등장하는데, 이
는 음양오행의 체계에서 각각의 방위가 담당하는 소임을 상징
하는 것이다. 고대에는 음양오행이 상식이었기 때문에 그에 대
한 지식을 전제하고 쓰인 것이다.

여기서 서남은 건의 도가 과잉으로 치달은 후 곤의 도가 새로
이 펼쳐지기 시작하는 이행기를 상징한다. 바로 인생에서 오십
대가 해당하는 시기이기도 하다. 그러므로 "서남 방향에서는 친
구를 얻어야 한다"는 조언은 그대로 오십 대를 위한 조언으로
받아들여도 좋다.

어째서 건의 도가 곤의 도로 넘어가는 이행기에 친구를 얻어
야 한다고 조언하는 것일까? 그 이유는 건의 도가 작용하는 인생
의 전반기는 이 세상에서 자신의 입지를 확보하고자 혼자서 빨
리 가는 데 주력했던 시기이기 때문이다. 그러했던 건의 도가 과
잉에 이르면서 부작용을 초래했기 때문에 이제는 자신의 발걸음
을 늦추고 "친구를 얻어야 하는" 시기라고 조언하는 것이다.

때로는 마음을 다르게
쓸 줄도 알아야 한다

그런데 위 괘사는 "친구를 잃어야 이로운" 경우도 있다고 조언한다. 친구를 얻어야 한다는 조언에 비해 이해하기 어려운데, 바로 이 경우가 군자가 짐짓 악한 체해야 하는 위악에 해당하는 행동인 것이다. 역경은 이에 대해 다음과 같이 풀이한다.

동북 방향에서는 친구를 잃어야 한다는 말은 이렇게 함으로써 종국에는 경사가 있게 하려는 것이다.
東北喪朋 乃終有慶

〈단전·곤괘〉

결국 최종적으로 좋은 결말을 맺을 수 있도록 하기 위해 당장은 힘들더라도 위악적인 행동을 할 수 있어야 한다는 말이다.

이는 친구에게 따끔한 충고를 하는 상황을 상상하면 이해할 수 있다. 이로 인해 당장은 관계가 서먹해질 수 있어 괴롭지만, 그렇게 하는 것이 결국은 서로의 우정을 위해서도 더 바람직하기 때문에 괴로움을 무릅쓰고 행하는 것이다.

이처럼 역경이 담고 있는 군자의 여러 행동 중에는 정의 발로만이 아니라 위의 발로인 행동도 많이 있다. 이 때문에 역경을 읽다 보면 상당히 노골적이고 불편한 진실을 덤덤하게 있는 그대로 기술한다는 느낌을 주는 경우들이 있고, 권모술수의 느낌을 주는 조언조차 적지 않다. 이러한 경우에 대해 역경은 다음과 같이 말한다.

천하의 지극히 깊숙한 도리를 말하고 있으니 추하게 여길 수 없고, 천하의 지극한 움직임을 말하고 있으니 어지럽힐 수 없다.
言天下之至賾 而不可惡也 言天下之至動 而不可亂也

〈계사상전〉 8장

그러한 내용들도 하늘의 계시의 일부이기에, 위의 풀이처럼 천하의 지극히 깊숙한 도리를 있는 그대로 서술한 것이다. 군자가 위의 발로인 행동을 하는 것으로, 그 목적은 최종적으로 좋은 결말을 맺기 위한 것이다. 그러므로 사람의 단견으로 이를 추하게 여길 수 없는 것이다.

어떤 상황에서든
약해지지 않으려면

· 마음 ·

거듭 구덩이에 빠지더라도 믿음을 갖고 마음을 유지할 수 있으면
형통하리라.
행하면 숭상받음이 있으리라.

習坎 有孚維心 亨 行有尙
습감 유부유심 형 행유상

〈감(坎)괘〉 괘사

　서두에 제시한 감(坎)의 괘사는 군자가 최악의 고난에 처했을
때를 위한 조언을 담고 있다. 여기서 "거듭 구덩이에 빠진다"는
말은 구덩이에 빠지는 고난을 당한 사람이 털고 일어나서 어떻
게든 사태를 수습해 보려고 하는데 또 다시 구덩이에 빠지는 고

난이 연거푸 닥치는 상황을 말하는 것이다. '엎친 데 덮친 격'이라고 할 수 있으며, 이를 통해 군자의 인생에서 최악의 위기가 닥쳤음을 상징한다.

이때 군자로 하여금 최악의 상황에서도 버틸 수 있게 하는 원동력이 무엇일까? 이에 대해 역경은 "믿음을 갖고 마음을 유지할 수 있으면 형통할 것"이라 말한다. 형통할 것이라는 말은 어떻게든 그 상황을 뚫고 나갈 수 있을 것이라는 말이다. 어째서 역경이 마음을 유지할 것을 중요한 조건으로 내거는 것일까?

그 이유는 마음이 우리 가슴에 있기 때문이다. 마음을 한자로는 心으로 쓰는데 이는 가슴에 담긴 심장의 모양을 형상화한 글자다. 이를테면 마음이 따뜻한 사람이라고 말하는 대신 가슴이 따뜻한 사람이라고 말할 수 있고, 마음이 떨린다는 말 역시 가슴이 떨린다고 말할 수 있다. 이를 통해 우리 마음이 머리가 아니라 가슴에 있다는 사실을 알 수 있다.

그런데 가슴(마음)은 이처럼 때로 떨리기도 하고 벅차오르기도 하고 철렁하기도 한다. 머리가 냉철한 것임에 비해 가슴은 뜨거운 것이라서 진폭이 크다는 문제가 있다. 신바람을 일으켜서 기대 이상의 성과를 이루게도 하지만 필요 이상으로 낙담에 빠지게도 한다. 거듭 구덩이에 빠지는 최악의 상황이 닥쳤을 때 과도한 낙담과 절망에 빠질 수도 있는 것이다. 이처럼 가슴이 과도한 낙담으로 얼어붙을 경우 중요한 순간에 판단을 그르칠 수도 있어 문제가 된다. 이 때문에 마음을 유지하는 것이 중요한 문제로 부상하는 것이다.

서두에서 역경이 마음을 유지하기 위해 제시하는 조건은 두 가지다.

변치 않는 믿음을 간직해야 한다

첫번째 조건은 믿음이다.

"믿음이 있어야 한다[有孚(유부)]"는 앞서 1장에서 살펴본 '정 (貞)하다', "가고자 하는 바가 있다[有攸往(유유왕)]"와 함께 인간의 삶에서 가장 중요한 세 가지 요소에 해당하는 것이다. 점인들이 수천 년간 관찰을 거듭한 결과 믿음이 인간의 삶에서 가장 중요한 요소 중의 하나더라는 말이다.

그렇다면 무엇에 대한 믿음이 있어야 한다는 말일까? 이는 앞서 말한 영원의 추세를 믿는 것이다. 역사 기록을 통해 영원의 추세를 확인했다면 이제 그에 대한 '확신'을 가져야 한다. 믿어야 하는 것이다. 영원의 추세에 대한 확신을 갖는다면 이 세상이 덧없는 세계가 아님을 안다. 그렇다면 이제 무엇이 두렵겠는가?

이 세상에 온갖 변덕, 변칙, 변화가 일어나지만 결국은 그를 통해 변치 않는 하나(하늘의 뜻)를 구현해 가고 있다. 이처럼 이 세상은 하늘의 뜻이 점점 실현되고 있는 공간이다. 이 세상에 온갖 변칙과 예외가 난무하지만 이들은 덧없는 것으로 시간이 흐르면 썩어 없어지고 말 것이다. 반면 추세(하늘의 뜻, 원칙, 법칙)는 영원하다.

이 사실을 보아 낸다면, 이 사실을 진실로 느낀다면 오늘이 인생에서 가장 기쁜 날일 것이다. 왜냐하면 유한한 존재인 님이 영원에 가닿았기 때문이다.

이 깨달음이 바로 근본 지식이다. 이 세상에는 영원의 추세가 존재하며, 온갖 변칙과 예외는 덧없는 것일 뿐이다. 사람은 썩어 없어질 변칙과 예외에 휘둘릴 것이 아니라 영원의 추세를 위해 살아야 한다. 그리고 이러한 근본 지식을 얻었다면 앞으로 잊지 말고 계속 간직하는 것이 중요하다. 확신을 갖는 것, 믿음이 있다는 것은 이를 말하는 것이다.

믿음이 있어야 자신감이 생긴다. 자신감(自信感)은 '스스로 믿을 때 생기는 감정'이라는 뜻이기도 하다. 자신감이 있어야 흔들림 없이 세상의 온갖 변칙과 예외에 대응할 수 있다. 이 때문에 서두에서 역경이 마음을 유지하기 위한 조건으로 믿음을 언급하는 것이다.

내가 해야 할 일을
알고 지탱해야 한다

마음을 유지하기 위한 두번째 조건은 한자 維(유)에 담겨 있다.
"마음을 유지한다[維心(유심)]"는 말이 원문으로는 維心인데,
여기서 維 자가 이해의 핵심을 이룬다. 維는 '벼리'라는 뜻과 '유
지(維持)하다'는 뜻을 갖는다. '유지한다'는 말은 벼리[維]를 지
탱한다[持]는 뜻이니, 결국 벼리의 의미를 제대로 알아야 그 말
의 참뜻을 알 수 있다.

오늘날 벼리라는 단어는 그물과 그물 주인을 연결하는 한 가
닥 줄을 의미하는 뜻으로 쓰이고 있다. 하지만 維(벼리 유) 자
의 원형적 의미는 새와 새 주인의 연결된 관계를 상징하는 시치
미 줄을 의미하는 것이다.

[그림 16] 維의 갑골문

維 자는 糸(실 사)와 隹(새 추) 자가 합쳐진 모습인데, [그림 16]에서 維 자의 갑골문을 보면 새의 다리에 실이 매인 모습을 형상화한 글자임을 알 수 있다. 이는 매사냥을 위해 매를 길들인 후 주인이 있는 매임을 표시하기 위해 매의 다리에 시치미를 매단 모습을 형상화한 것이다.

이처럼 매나 독수리를 길들여 함께 사냥하는 것은 전통 시대 이족 문화권에서 널리 행해지던 풍습이다. 우리나라에서도 조선시대까지만 해도 사대부들 사이에 오늘날의 골프와 버금갈 만큼 폭넓게 행해지던 호사 취미였다. 이때 길들인 매의 다리에 매인 시치미는 매가 주인과 연결된 존재임을 상징한다. 이 때문에 매는 자유롭게 하늘을 날지만, 사냥감을 잡는다는 임무를 달성하고 나서는 다시 주인에게 돌아가는 것이다.

그런데 이처럼 자유로이 하늘을 나는 매가 주인의 일을 하고 또 주인에게 돌아간다는 것은 생각해 보면 기적과도 같은 일이다. 그 모습이 은나라 사람들의 상상력을 사로잡았다. 은나라 사람들은 이러한 매와 매 주인의 관계로부터 사람과 하늘이 맺은 관계를 상상했다. 사람 역시 하늘로부터 천명을 부여받고 땅위에 태어나서 열심으로 천명을 달성한 후 다시 하늘로 돌아가는 것이다.

그러므로 서두의 역경에 쓰인 維 자에는 이상과 같은 뉘앙스가 담겨 있는 것이다. 사람이 "마음을 유지한다[維心]"는 것은 자신이 처음에 비롯한 근본인 하늘과 맺어져 있는 한 가닥 줄을 잊지 않는 것이 핵심이다. 자신이 하늘로부터 왔고 하늘의 일을 하며 하늘로 돌아갈 것임을 잊지 않는 것이다. 이 마음의 벼리를 잊지 않는 것이 그 어떤 상황이 닥치더라도 마음을 유지할 수 있는 두 번째 조건이다.

역경이 벼리를 이토록 강조하는 이유는 근본 지식을 상징하기 때문이다. 나는 무엇 하러 여기 왔나? 하늘의 일을 하기 위해 여기 왔고, 일이 끝나면 하늘로 돌아간다는 것이다.

이제 비로소 어떤 일을 '유지한다'는 말의 의미를 제대로 알 수 있게 되었다. 이는 '벼리[維]를 지탱한다[持]'는 말인데, 자신이 처음에 비롯한 근본과 맺어져 있는 한 가닥 줄을 잊지 않는 것을 말한다.

역경은 거듭 구덩이에 빠지는 상황에 처할지라도 믿음을 갖고 마음의 벼리를 지탱해 낼 수만 있다면 형통할 것이라 조언하고 있다. 이는 근본 질문에 대한 답을 찾았는지를 묻는 것이다. '나는 무엇 하러 여기 왔나' 묻는 근본 질문에 선뜻 대답할 수 없다면 거듭 구덩이에 빠지는 인생 최악의 위기를 견뎌 내지 못할 것이라 말하는 것이다.

반면 근본 지식을 확립해서 마음의 벼리를 놓치지 않고 지탱해 낸다면 형통할 것이다. 즉 인생 최악의 위기일지라도 어떻게든 그 상황을 뚫고 나갈 수 있을 것이다. 왜냐하면 근본 질문을 해결한 사람, 즉 자기가 어디서 왔고, 무엇 하러 왔고, 어디로 돌아갈 것인지를 아는 사람은 이 세상의 어떤 고통도 견뎌 낼 수 있기 때문이다.

역경은 또한 그리 "행하면 숭상받음이 있으리라" 말하고 있다. 이는 최악의 위기에 빠졌을 때도 믿음을 갖고 마음의 벼리를 유지한 채 행동한다면 그 모습이 사람들에게 감화를 주기 때문이다.

※

마음을 같이할 수 있는
사람을 만나라

· 사귐 ·

믿음을 발굴하여 사귀는구나.
그 모습이 위엄이 있구나. 길하리라.

厥孚交如 威如 吉
궐부교여 위여 길

〈대유(大有)괘〉 5효사

오십이 되면 대체로 친구 관계가 시들해진다. 이전에는 많은
사람이 참석했고 또 자주 열리던 모임이 점차 횟수가 뜸해지고
참석자 수도 줄어든다. 그러다 모임 자체가 사라져 버리기도 한
다. 또한 오십쯤 되면 새로이 누군가를 사귀는 것도 어렵다. 결

국 점차 만나는 사람이 줄어들면서 쓸쓸함을 느끼게도 된다.

그런데 역경은 이 시기에 새로운 벗을 사귀라고 조언한다. 앞 글에서 소개했던 곤(坤)의 괘사는 오십 대(서남 방향에 놓인 사람)가 "벗을 얻어야[得朋(득붕)] 이로울 것"이라 말하고 있다. 그리고 서두에서 역경은 오십 대가 새로운 벗을 사귀는 방법을 제시하고 있다. 이러한 역경의 조언을 제대로 이해하려면 역경이 오십에게 권하는 벗이 '朋(벗 붕)'임을 주목할 필요가 있다.

옛 친구와
동류의 차이

우리말 '벗'에 해당하는 한자는 朋(벗 붕) 외에 友(벗 우)도 있는데, 양자는 그 의미가 서로 다르다. 友는 그 어원을 보면 ナ+又로 이루어졌는데, 이는 [그림 17]에서 보는 바와 같이 둘 다 사람의 오른손 모양을 형상화한 것이다.

<table>
<tr><td>갑골문</td><td>소전</td><td>해서</td></tr>
</table>

[그림 17] 友의 갑골문과 자형의 변천

그러므로 友는 두 사람이 손을 잡고 있는 모습을 형상화한 글자다. 이를 통해 두 사람이 손을 잡고 걸어갈 만큼 친한 사이임을 표현한 것이다. 정이 도타워 우정(友情)이 성립하는 사이인 것이다. 어린 시절의 소꿉친구, 놀이친구 등이 모두 이에 해당한다.

반면 [그림 18]에서 朋 자의 갑골문을 보면, 조개를 엮어 양 갈래로 늘어뜨린 모습을 하고 있다. 은나라에서는 보배조개를 화폐로 사용했는데, 한 꾸러미에 조개 5장씩을 꿰어 사용했다. 그러므로 [그림 18] 朋 자의 갑골문에서 두 꾸러미는 서로 가치가 동일하다. 때문에 朋 자에는 '같다'는 뜻도 있다.

소전   해서

[그림 18] 朋의 갑골문

이를 통해 朋은 단지 친하게 지내는 벗이 아니라 나와 동류(同類)인 벗을 표현하고 있다. 동류는 나와 같은 부류라는 뜻인데, 특히 나와 같은 정신적 지향을 지닌 사람을 말한다.

벗이 있어 먼 곳으로부터 찾아오면 또한 즐겁지 아니한가.

有朋自遠方來 不亦樂乎

위는《논어》1장에 실린 유명한 구절인데, 원문을 보면 여기서 공자가 말한 '벗'이 友가 아닌 朋임을 알 수 있다. 벗이 먼 곳으로부터 찾아오면 즐거운 이유는 나와 정신적 가치를 공유하는 동류이기 때문인 것이다.

이처럼 역경이 오십 대에 이르러 새로이 사귀라고 권하는 벗은 友가 아닌 朋이다. 나와 뜻을 같이하는 벗을 사귀라는 말인데, 이를 달리 말하면 물질의 삶이 아닌 정신의 삶을 살고자 하는 군자를 사귀라는 말에 다름 아니다.

가만히 생각해 보면, 전반생 동안의 사귐에는 물질의 동기가 배어 있는 경우가 많다. 예를 들어 어떤 모임에 열심히 참여하는 동기 중 하나는 혹시 그 모임의 인맥이 무언가 물질적 성취에 도움이 되지 않을까 하는 기대 심리가 있다. 이 때문에 인생에 가을이 찾아오면 모임이 시들해지는 것이다. 이제 더 이상 무언가 이루어지길 기대하기 어렵다고 느끼기 때문이다.

역경이 권하는 오십의 사귐은 이와 다르다. 무언가를 바라고 만나는 사람을 사귀라는 것이 아니며, 놀이 친구를 사귀라는 것도 아니다. 동류를 찾아나서라는 말이다.

다만 현실적으로 오십 이후에는 누군가와 쉽게 친해지기 어렵고, 또 새로이 깊은 사귐[交(교)]의 관계에 들어가는 것도 쉽지 않은 것이 사실이다. 서두에서 역경이 말하는 사귐은 한자로 交인데, 이는 '깊이 있게 사귀는 것'을 뜻한다.

자전에서 交의 뜻을 찾아보면 '사귀다, 교제(交際)하다, 서로 맞대다, 섞이다, 교차(交叉)하다, 교접(交接)하다, 성교(性交)하다' 등의 다양한 뜻이 나온다. 어떻게 해서 이러한 뜻이 나오는지 이해하려면 交의 어원을 아는 것이 도움이 된다.

[그림 19] 交의 갑골문

交는 사람이 다리를 꼬며 춤을 추는 모습을 형상화한 글자다. 고대에는 사람들이 성곽 밖의 교외에 나가서 춤을 췄다. 사람들이 모여 사는 성곽 안의 읍(邑)은 질서가 잡혀 있어서 사람들이 그 질서(법과 규칙)에 복종해야 하는 곳이다. 그러므로 성곽 안의 대로변에서는 춤을 출 수가 없고, 대신 성곽 밖의 교(郊)로 나가는 것이다. 이곳 교는 인간이 만든 질서, 법과 규칙에서 벗어난 공간이다. 여기서 왕은 하늘에 바치는 제사를 올리며, 읍의 백성들이 참여하는 축제가 벌어진다. 이때 사람들은 춤을 춘다. 그 모습이 바로 交인 것이다. 그렇다면 交가 왜 '사귈 교'인가?

고대에는 남녀의 사귐이 교외에 나가서 춤을 추는 축제 기간에 이루어졌기 때문이다. 춤을 추다가 눈이 맞으면 사귀었던 것이다. 법과 규칙이 엄격하게 적용되는 읍내에서는 이런 방식으로 사귈 수가 없으니 교외에서 남녀가 자유롭게 집단으로 섞여서 춤을 추는 축제 기간에 사귀는 것이다.

이렇게 해서 사귄 남녀가 맺은 관계는 깊은 관계였기에 오늘날에도 交의 사귐은 깊이 있는 사귐을 의미하고 있다. '친교(親交)를 맺다', '교분(交分)을 나누다' 등의 용례를 보면 모두 가벼운 사귐이 아닌 깊이 있는 사귐을 뜻한다.

흔히 학창 시절 이후로는 깊이 있는 사귐이 어렵다는 말들을 한다. 학창 시절이라야 현실에 매이지 않고 순수한 마음으로 사귈 수 있다는 것이다. 그렇다면 현실의 세파를 헤쳐 오느라 산전수전 다 겪은 오십은 깊이 있는 사귐이 정말 불가능한 것일까?

그러나 달리 생각해 보면 아직 현실의 삶을 경험하지 못한 채 사귄 학창 시절의 사귐이 정말 깊은 사귐인가도 생각해 볼 필요

가 있다. 또한 나는 학창 시절 이후로 한층 성숙한 존재가 되었
다. 일신우일신(日新又日新)인지라 나날이 새로운 존재로 변
모하고 있다. 인생에서 어느 특정 시점에만 깊이 있는 사귐이
가능하다는 것은 어불성설이다.

　사실 사람이 가장 현실에 매이는 삶을 사는 시기는 나의 입지
를 확보하기 위해 세파를 헤치며 치열한 삶을 사는 전반생 동안
이다. 사람은 전반생을 거친 후 후반생에 이르러 정신의 삶을
사는 것이다. 이처럼 정신의 삶에 도달한 사람이라야 정말 깊이
있는 사귐이 가능한 것이다.

오십 이후 새로운 벗과
어우러지는 자세

　서두에 소개한 대유의 길은 바로 이와 같은 오십의 사귐이 어
떻게 가능한지 그 방법을 제시한다. 대유의 길은 크게 어우러지
는 길을 말한다. 쉽게 말하면 대의로써 크게 어우러지는 길이라
고 할 수 있다. 이러한 사귐이 오십에게 어떻게 적용되는 것인
지 1단계부터 살펴보기로 하자.

　(대유의 길에서) 처음에 양이 오는 것은 아직 사귐[交]이 없는

것이어서 해로우나 허물은 아니리라. 어렵게 여기면 허물이 없
으리라.

(大有) 初九 无交 害 匪咎 艱則无咎

앞서 살펴본 交의 사귐은 같이 춤을 추면서 자연스레 친밀감
을 쌓는 계기를 갖는 것이라 할 수 있다. 자연스럽게 형성되는
경험의 공유를 통해 친밀한 감정의 공유에 이르는 것이다. 하지
만 오십쯤 되면 이처럼 자연스레 형성되는 경험의 공유를 통해
누군가와 친해지는 사귐은 어려운 것이 현실이다.

이 때문에 오십이 사람을 만날 때는 자연스러운 사귐[交]이
아직 부족한 상태에서 만나게 된다. 1효사에서 "아직 사귐[交]
이 없다"는 것은 이러한 의미다. 이처럼 사귐[交]이 아직 부족한
상태에서 사람을 만나는 것은 분명 해로운 점이 있다. 상대가
비인일 수도 있는 것이다.

하지만 현실적으로 오십이 새로운 벗을 얻으려면 어쨌든 일
단 새로운 사람을 만나고 가까이 해야 한다. 이 때문에 사귐[交]
이 부족한 상태에서 사람을 만나는 것은 분명 해로운 점이 있지
만, 허물은 아닐 것이라 한다. 동시에 비인을 만날 위험성도 있
으므로 어려운 일이 생길 가능성이 있다는 사실을 미리 염두에
두도록 조언하는 것이다. 새로운 사람을 만나되 아직 경계심을

풀지 않으면 허물이 없을 것이라 한다.

(대유의 길에서) 양이 두 번째에 올 때 큰 수레로써 싣는 것은
가고자 하는 바를 둔다면 허물이 없으리라.
(大有) 九二 大車以載 有攸往 无咎

2효사에 등장하는 큰 수레[大車]의 비유는 역경에서 자주 쓰
이는 상징인데, '대승(大乘) 불교'라든가, '대승(大乘)적 차원' 같
은 표현에 등장하는 大乘(역시 큰 수레라는 뜻)과 같은 취지의
표현이다. 자기나 자기 가족만 올라타는 작은 수레가 아니라 주
변의 원하는 사람 모두를 함께 태우고 가겠다는 취지를 '큰 수
레'에 비유하는 것이다.

그러므로 대유의 길에 나선 군자가 2단계에서 상대를 큰 수레
로써 싣는다는 것은 1단계에서 만남을 가진 상대를 자기와 같은
수레를 타고 갈 사람으로 받아들인다는 의미다. 이는 곧 그 사
람을 자기와 함께 갈 사람으로 받아들인다는 뜻이며, 앞서 1단
계에서 상대방에 대해 아직 유지하고 있던 경계심을 푸는 것을
의미한다.

이때 역경은 "가고자 하는 바를 둘 것"을 조건으로 걸고 있다.
1단계에서 첫 만남을 가진 사람을 나와 함께 갈 사람으로 받아

들일 때, 그 사람의 가고자 하는 바가 나와 같은지를 본다는 것이다. 그러하다면 아직 유지하고 있던 경계심을 풀고 그 사람을 나와 함께 갈 사람으로 받아들여도 허물이 없을 것이라는 말이다.

이는 대유의 길이 공통의 대의로써 크게 어우러지는 길임을 드러내는 대목이다. 앞서 1단계에서 아직 사귐[交]이 없는 상태인데도 일단 새로운 사람을 만나고 가까이 할 수 있었던 이유는 이처럼 2단계에 이르면 공통의 대의라는 기준을 적용할 것이기 때문이다.

공자는 이와 같은 역경의 취지를 다음과 같이 표현한 바 있다.

추구하는 도(道)가 같지 않으면 서로 함께 일을 도모하지 않는 법이다.

道不同 不相爲謀

《논어·위령공》 39장 1절

이러한 공자의 조언은 대유의 길이 어떤 것인지 적절하게 표현한다. 대유의 길 2단계는 추구하는 도가 서로 같은지를 확인하는 단계라고 할 수 있다. 또한 추구하는 도가 같은지를 확인하려면 어쨌든 먼저 새로운 사람을 만나고 가까이 해야 하므로 앞서 1단계의 과정을 거쳤던 것이다.

이러한 대유의 길은 오십이 어떻게 새로운 벗을 얻을 수 있는 지 그 방법을 제시한 것이라 할 수 있다. 대유의 길이 권하는 오십의 사귐은 같은 도를 추구하며 같은 길을 걸어가는 도반(道伴)을 사귀라는 것이다. 이와 같은 사귐은 나이 오십에도 얼마든지 가능한 것이다. 이러한 대유의 길은 이후 5단계에서 완결을 보게 된다.

(대유의 길에서) 음이 다섯 번째에 오니 믿음을 발굴하여 사귀는구나[交]. 그 모습이 위엄이 있구나. 길하리라.

(大有) 六五 厥孚交如 威如 吉

대유의 길이 5단계에 이르니 드디어 사귀고 있다[交]. 오십도 친밀한 감정의 사귐이 가능한 것이다. 단, 친밀한 사귐에 도달하는 방식은 시간을 두고 경험을 공유함으로써가 아니라 공통의 믿음을 발굴함으로써 그와 같은 상태에 도달하는 것이다.

여기서 말하는 믿음은 공통의 도에 대한 믿음이다. 이는 앞서 2단계에서 "가고자 하는 바"가 같은 사람을 골라서 수레에 태웠기 때문에 가능한 일이다. 이렇게 맺어진 도반의 관계가 5단계에 이르면 추구하는 도에 대한 같은 믿음을 서로의 내면에서 발굴하여 깊이 있는 사귐에 이를 수 있다는 것이다.

 이러한 사귐이 바로 오십에 어울리는 깊이의 사귐이다. 오십
은 자신의 도를 이루어 가는 나이다. 이러한 오십은 같은 도의
길을 걸어가는 다른 도반을 사귀는 것이며, 동일한 믿음에 기초
한 벗을 얻는 것이다. 동류란 이처럼 같은 도에 대한 같은 믿음
을 지닌 사람을 의미하며, 오십에 얻어야 하는 벗(朋)은 바로 이
러한 동류를 가리킨다. 그리고 이러한 동류와의 사귐이야말로
진정 깊이 있는 사귐이라 할 수 있다.
 역경은 그렇게 공통의 믿음을 발굴하여 사귀는 모습에 대해
"위엄이 있다"고 평가한다. 그 모습이 위엄이 있기 때문에 길할
것이라 한다. 또한 다음과 같은 구절도 있다.

 "두 사람이 마음을 같이하면 그 예리함은 쇠라도 끊을 수 있
다. 마음을 같이했을 때 나오는 말은 그 향취가 난꽃과 같다."
 二人同心 其利斷金 同心之言 其臭如蘭

<계사상전> 8장

 서로 간에 공통의 믿음을 발굴하여 사귀는 단계에 도달하면
두 사람이 마음을 같이할 수 있다. 역경은 두 사람이 마음을 같

이했을 때 나오는 말은 그 향취가 난꽃과 같다고 했으니, 그 사귐은 아름답기까지 한 것이다.

　오십의 고상한 삶에는 이처럼 위엄 있고 아름다운 사귐이 있어야 한다. 이것이 고상한 삶에 어울리는 고상한 사귐이라고 할 수 있다.

오십이 보여 줘야 할
희망의 증거

· 책임 ·

군자의 광채가 믿음을 얻으니 길하리라.

君子之光 有孚 吉
군자지광 유부 길

〈미제(未濟)괘〉5효사

서두에서 역경은 군자에게서 광채가 난다고 말한다. 어째서 사람에게서 광채가 나는 것일까? 사람의 마음이 몸을 넘어 발현될 때 광채가 난다. 좁은 몸을 지닌 사람, 유한한 존재인 사람이 무한한 마음을 보여 줄 때 광채가 난다. 사람이 그 몸보다 큰 존재임을 보여 줄 때 광채가 나는 것이다.

서두에 소개한 미제(未濟)괘는 역경의 64괘 중 맨 마지막 괘에 해당한다. 64갈래 인생의 여행길에서 맨 마지막 코스라고 할 수 있다. 이 미제의 길에서 군자가 이끄는 공동체는 꿈에 그리던 목표를 달성하고자 필생의 도전을 감행하는데 처음에는 실패의 위기를 맞는다. 하지만 정(貞)한 노력과 함께 군자의 경륜이 빛을 발함으로써(광채가 난다는 것이 이런 경우다) 위기를 극복하고 실패를 성공으로 돌려놓는 것이다. 이 때문에 군자의 광채가 사람들로부터 믿음을 얻는다고 말하며, 그처럼 믿음을 얻으니 길할 것이라 말하는 것이다.

이처럼 인생의 여행길 맨 마지막 코스의 5단계에서 "군자의 광채가 믿음을 얻으니 길하리라" 말하는 것은 상징성이 크다. 우리의 인생 여행길 전체를 통틀어 길한 결과가 어떻게 해서 나오는 것인지를 잘 보여 준다.

역경에서 군자의 인생 여행길을 돌아보면 64갈래 384굽이를 헤쳐가는 동안 숱한 좌절을 맛본다. 하지만 한 번도 사람들의 믿음을 저버리는 적은 없다. 그와 같은 군자의 자세 및 태도가 미제의 길에서도 광채를 발하여 사람들의 믿음을 얻는 것이라 할 수 있고, 그래서 길한 결과를 맞이하는 것이다.

앞서 소개했던 뉴욕의 샌드위치 가게 사장님이 말하는 모습을 TV에서 봤을 때도 그분에게서 광채가 남을 볼 수 있었다. 따스한 정과 위엄이 함께 어린 모습, 그 의젓한 품격이 광채를 발하고 있었다. 이처럼 빛을 발하는 군자의 품격에 도달하는 것, 기질을 성품으로 완성해 내는 것이 나이 오십에게 부여된 천명이라고 할 수 있다.

하지만 이러한 개인 차원의 천명과 책임에 대해서는 앞서 많이 말씀드렸다. 그러므로 이 책의 마지막 단락인 이 글에서는 개인 차원이 아닌 한국의 오십 대가 전체로서 직면한 책임에 대해 말하고 싶다. 이 나라의 광채를 회복하는 것이 오늘날 한국의 오십 대에게 부여된 천명이자 책임이다.

대한민국의 오십이 개인을 넘어
공동체로 해야 할 일

코로나19의 위기에서 풀려난 후 많은 사람이 관광을 떠나고 있다. 하지만 정작 관광을 가서 봐야 할 것을 제대로 보고 있을까? 관광(觀光)은 역경에서 유래한 말로 '광채를 봐야 한다'는 뜻이다.

음이 네 번째에 오면, 나라의 광채를 봐야 한다. 이로써 왕의 빈(賓)이 되면 이로우리라.

六四 觀國之光 利用賓于王

역경의 20번째 괘인 관(觀)의 길은 위기가 닥쳤을 때 군자가 사태를 어떻게 보아 내야 위기를 극복할 수 있는지 그 방법을 조언한다. 지금 소개하는 4단계에서는 군자가 자리에서 물러난 후 자신과 자신을 따르는 무리가 몸을 의탁할 수 있는 나라를 찾아 돌아다니고 있다.

이때 4효사에 등장하는 관국지광(觀國之光)이 관광(觀光)의 유래가 되는 말이다. 이는 '군자가 자신의 몸을 의탁할 나라를 고를 때 그 나라의 광채를 살펴서 결정해야 한다'는 뜻이다. 사람이 빛을 발하듯 나라도 빛을 발하는 것이며, 그처럼 빛을 발하는 나라를 골라내서 그 나라에 손님으로 몸을 의탁해야 이로울 것이라는 조언이다.

이러한 조언을 통해서도 자신의 행동에 따라 길흉이 결정된다는 사실을 확인할 수 있다. 사람을 고를 때도, 나라를 고를 때도 광채를 발하는지 여부(이런 것이 기미다)를 살필 줄 알아야 길한 결과를 맞이할 수 있는 것이다.

그렇다면 사람이 아닌 국가는 어떻게 해서 광채를 발하게 되는 것일까? 마음이 사물에 내려앉았을 때 그 사물에서 광채가 나는 것이다. 이 때문에 그 나라의 제도와 문물에 배어든 그 나라 사람들의 마음이 밖으로 드러나 광채를 발한다. 관광을 갔을 때 그 나라의 광채를 본다는 것은 이처럼 그 나라의 문물에서 배어나는 그 나라의 마음을 보는 것이다. 군자의 광채를 보게 될 때 사람들이 감동을 느끼는 것처럼 그 나라의 광채를 보게 될 때 관광을 온 사람들 역시 감동을 느끼는 것이다.

그러므로 한국을 찾아온 손님들에게 보여 주어야 하는 것은 물질에 불과한 콘크리트 빌딩이 아니라 한국의 마음이다. 이 나라가 썩어 없어질 것이 아니라 영원히 남는 것을 위해 살아가는 나라임을 느낄 때 손님들은 한국 관광에서 큰 기쁨을 얻을 것이다.

우리나라는 지난 세월 동안 많은 변화의 굴곡을 헤쳐 왔다. 이러한 우리나라가 숱한 변화를 통해 변치 않는 하나(하늘의 뜻)를 구현해 가고 있음을 보여 주는 것은 의미가 있다. 이 세상은 하늘의 뜻이 점점 실현되고 있는 공간이라는 진리를 세계인들에게 확인시키는 희망의 증거가 될 수 있는 것이다.

사실 한국은 이러한 증거가 될 수 있는 위치에 있다. 서양의 선진국들은 제국주의 시절 다른 나라를 침략하고 학살하고 수

탈했던 침략의 역사를 갖고 있다. 반면 우리나라는 식민 지배를 겪고도 이를 이겨 내고 선진국으로 올라선 거의 유일한 나라다. 오늘날 한국은 민주주의를 이루었고, 국민 소득은 3만 달러를 넘으며, 첨단 IT 산업이 발달했다. 거기에 더해 '한류'로 불리는 한국의 문화가 전 세계에 어필하고 있다. 이러한 한국이 인류 사회를 위해 그에 합당한 역할을 해야 하는 것이다. 한국은 세계인들에게 이 세상의 존재 의의가 무엇인지를 보여 줄 수 있다. 인류가 언제나 알고자 갈망하는 근본 질문에 대한 답을 보여 줄 수 있는 것이다.

이 세상은 하늘의 뜻이 드러나는 곳이다. 이 세상은 약육강식이나 정글의 법칙이 지배하는 곳이 아니며, 차가운 이성이 지배하는 곳도 아니다. 하늘의 뜻의 발현인 정(情)이 지배하는 공간인 것이다. 그러므로 어렵게 생각할 것 없이 한국의 정을 보여 주면 된다. 이 한국이라는 나라에 사람의 정이 살아 있음을 보여 주면 되는 것이다.

앞서의 샌드위치 가게 사장님이 한 일이 바로 이것이었다. 뉴욕 시민들에게 이 세상은 정이 살아 있는 곳임을 느끼게 해 주었고, 뉴욕 시민들로 하여금 '나도 저분처럼 살아야겠다'는 생각을 불러일으켰던 것이다.

이것이 바로 오늘날 한국인에게 부여된 천명이다. 사람의 정을 보여 주는 것, 세계인들에게 정을 느끼게 해 주는 것이다. '한국이라는 나라를 가 보니 그 나라에는 사람의 정이 살아 있더라', '사람은 마땅히 그렇게 살아야 하겠더라', '우리도 그렇게 살자'고 느끼게 해 주는 것이 오늘날 한국인들에게 부여된 천명인 것이다.

이는 어찌 보면 쉬운 일일 수도 있다. 한국인은 정이라는 말을 애용한다. 실제로 한국인은 정이 많은 민족이며, 한국은 정이 살아 있는 나라가 아닌가? 그런데 혹시 점점 사라져 가고 있는 것은 아닐까?

오늘날 우리 주변을 돌아보면 온통 '돈, 돈, 돈'이다. 돈에 혈안이 되어 투기판을 쫓아다닌다. 오늘날 한국은 물신만을 숭배하는 삭막한 곳이 돼 가고 있다. 과거에 일본인들이 '경제 동물'로 지탄을 받은 적이 있는데, 지금은 한국인이 경제 동물이 돼 가고 있는 것은 아닌지 우려스럽다.

오늘날 한국인은 영원히 남는 것이 없다고 착각한 채 오직 썩어 없어질 것만을 위해 살아가고 있는 것은 아닐까? 그리하여 한국인의 인지상정을 잃어 가고 있는 것은 아닐까?

오늘날 한국의 정은 일대 위기에 처했다. 필자가 보기에 한국의 역사 전개 자체가 일대 갈림길에 놓여 있다. 한국은 이제 썩어 없어질 것만을 위해 사는 나라의 길을 갈 것인가? 아니면 한국의 정을 회복할 것인가?

이 갈림길의 일대 선택이 오늘날 한국의 오십 대에게 부여된 사명이다. 오십 대는 사회에서도 중추요, 허리에 해당하는 세대가 아닌가. 사람의 나이 오십은 자신의 삶을 통해 무엇을 귀장할지를 결정하는 시기다. 앞서 2장에서 소개한 자신의 장(章)을 정립하는 것이 그것이다. 그러므로 오늘날 한국의 오십 대가 내리는 결정이 더없이 중요하다.

한국의 오십 대는 이 땅에 태어나서 지금까지 무엇을 보고, 겪고, 생각했는가? 증오를 보았는가, 사랑을 보았는가? 이제 무엇을 베풀려고 하는가?

한국의 오십 대는 이 땅에서 그동안 쌓아 온 연륜을 통해 깨달은 것을 하늘의 몸인 이 땅에 되돌려야 하는 것이다. 그들의 귀장을 통해 한국의 나아갈 길이 잡힐 것이다.

오십이 한국의 희망이 돼야
한국이 세계의 희망이 된다

한류의 대표 주자인 방탄소년단은 팬클럽 '아미(Army)'와 끈끈한 가족애로 뭉쳐 있다. 이처럼 한 가족을 이룬 아미들의 열

렬한 성원이 방탄소년단의 성공을 이룬 기폭제가 되었다. 그렇다면 이들이 한 가족으로 뭉칠 수 있었던 비결은 무엇일까?

그것은 방탄소년단이 전 세계의 아미들에게 한국인의 정을 보여 주었기 때문이다. 그리고 이는 그냥 나온 것이 아니다. 한국인의 정은 방탄소년단만이 아니라 여러 한류 아이돌의 특징을 이루고 있다. 서양의 아이돌이 팬클럽을 대할 때 '나는 아이돌 스타고, 당신들은 나의 팬' 이렇게 이분법적으로 대함에 비해 한류 아이돌은 한국인의 정을 보이며 한 가족으로 대하는 것이다. 이 무의식적 차이가 여러 한류 아이돌의 성공 비결이라고 할 수 있다.

이는 한국인의 집단 무의식, 한국인의 마음에서 나오는 것이다. 그 무엇도 무(無)에서 나오는 것은 없다. 이러한 한국인의 마음은 이 땅에서 수천 년 세월을 살아온 숱한 한국인 개개인의 마음이 오랜 세월에 걸쳐 켜켜이 쌓인 결과 나오는 것이다. 이처럼 오랜 축적은 그 뿌리가 깊은 만큼 쉬이 사라지지도 않는다. 오늘날 세계인들에게 매력을 발하는 한류는 이러한 한국인의 마음이 지닌 저력이 드러난 것이다.

그러나 한편에서 한국인들은 근현대사의 굴곡을 헤쳐 오는 동안 자신의 마음인 한국의 마음을 의식 수준에서는 놓쳐 버렸다. 그래서 오늘날 한류가 세계에서 큰 성공을 거두어도 정작 한국인 자신들이 어리둥절한 것이다.

이처럼 방심해서 놓쳐 버린 한국인의 마음을 되찾는 것이 오십 대의 사명이다. 이는 무의식에 잠긴 채 남아 있는 한국인의 마음을 의식 수준으로 끌어올리는 것을 의미한다. 그래야 우리의 마음을 잊지 않을 수 있다. 그래야 어떤 위기가 닥치더라도 마음을 유지할 수 있어서 형통할 것이다.

구체적 실천으로는 한국인의 정을 회복하는 것이고, 한국인은 썩어 없어질 것이 아니라 영원히 남는 것을 위해 산다는 사실을 보여 주는 것이다. 이를 통해 희망의 증거가 되는 것이다.

앞 글에서 오십의 사귐은 위엄 있고 아름답다고 했는데, 그 이유는 달리 있는 게 아니다. 사람의 존재 목적은 귀장을 함에 있는데, 믿음을 같이하는 도반이 뭉친다면 홀로일 때보다 더 큰 귀장을 할 수 있기 때문이다. 두 사람이 마음을 같이하면 그 예리함은 쇠라도 끊을 수 있다고 하지 않는가.

그러므로 오늘날 한국의 군자들은 뜻을 같이하는 도반을 서로 사귀어야 한다. 서로를 격려함으로써 소중한 뜻을 잊지 않으며, 서로에게 자극받아 힘을 낼 수 있다. 한국의 오십 대가 힘을 내 그 책임을 이룬다면 한국이 세계를 위한 희망의 증거가 될 것이다.

팔자, 운세, 인생을 바꾸는 3,000년의 지혜

오십에 읽는 주역

© 강기진 2023

1판 1쇄 2023년 10월 31일
1판 33쇄 2024년 12월 26일

지은이 강기진
펴낸이 유경민 노종한
책임편집 이현정
기획편집 유노북스 이현정 조혜진 권혜지 정현석 **유노라이프** 권순범 구혜진 **유노책주** 김세민 이지윤
기획마케팅 1팀 우현권 이상운 **2팀** 이선영 김승혜 최예은 전예원
디자인 남다희 홍진기 허정수
기획관리 차은영
펴낸곳 유노콘텐츠그룹 주식회사
법인등록번호 110111-8138128
주소 서울시 마포구 월드컵로20길 5, 4층
전화 02-323-7763 **팩스** 02-323-7764 **이메일** info@uknowbooks.com

ISBN 979-11-92300-91-7 (03140)

- — 책값은 책 뒤표지에 있습니다.
- — 잘못된 책은 구입한 곳에서 환불 또는 교환하실 수 있습니다.
- — 유노북스, 유노라이프, 유노책주는 유노콘텐츠그룹의 출판 브랜드입니다.